中　国　青　少　年　成　长　必　读

中国青少年知识文库

A卷

Chinese Teens' Encyclopedia

青少年的心灵充满了渴求与渴望，那是一座希用知识来填充的宝库，那里蕴藏着无穷渴求的力量，让青少年在知识的海洋中徜徉吧，不断成就完美的智慧心灵……

航空工业出版社

北京

前言 Foreword

大自然里总有说不完的秘密，生物世界里总有未解的奥秘，青少年朋友们对奇奇怪怪的事物、形形色色的自然现象，总会提出很多问题。这些问题看似简单幼稚，但却涉及到自然界各个门类的知识。

青少年朋友们在不停地追问为什么，这正是他们求知欲旺盛的体现，他们想了解世界，探寻究竟。为给他们以明确的答案，帮助他们感受世界和认识世界，激发他们的学习兴趣，点燃他们智慧的火苗，我们精心编写了《中国青少年知识文库（A卷）》。书中分别介绍了动物知识、植物知识、体育知识、健康知识、自然知识、环保知识，内容不仅包罗万象，而且更具时代特征，文字简洁明了，插图丰富多彩，令读者在不知不觉中进入一片充满着意趣与遐想的联想空间，是真正的图文并茂的青少年知识文库。希望青少年朋友能够轻松地从这里获取最想知道、最有益的知识，解开心中的疑团，养成爱动脑筋的好习惯。

本书是为青少年精心制作的最高雅、最珍贵的礼物，是他们认识世界，了解世界的窗口。这里有着道不尽的趣味。青少年朋友们，你想知道童话中的“美人鱼”真的存在吗？你对突如其来的“非典”了解多少？“禽流感”是怎样传染给人类的呢？你知道足球场上10号为什么备受青睐吗？为什么天空中会同时出现几个太阳……快来这里吧，睁开求知的眼，升起远航的帆，来看看这些你想知道的答案吧！

希望本书成为青少年朋友的良师益友，在掌握知识的同时，达到启迪心灵，陶冶情操，开阔视野，增长才智的目的。

目录

Content

第1章 动物

第2章 植物

第3章 体育

第4章 健康

第5章 自然

第6章 环保

黄鼠狼是益兽还是害兽？

俗话说：“黄鼠狼给鸡拜年，没安好心。”这句话反映了黄鼠狼爱吃鸡的特性，因此人们就把黄鼠狼看成是坏东西。

▲胆怯的小鸡遇上强敌

其实黄鼠狼是益兽。虽然它有时会去偷鸡，但大多数时候它是以老鼠、田鼠为食的。黄鼠狼是老鼠的天敌，在抑制鼠害方面起了非常大的作用。凡是黄鼠狼活动频繁的地区，鼠害就比较少，反之鼠害就十分猖獗。据专家统计，一只黄鼠狼一年能消灭 300~400 只老鼠，而以每只老鼠一年吃掉 1 公斤粮食计算，则一只黄鼠狼可为人类从老鼠口里夺回 300~400 公斤粮食。另外，黄鼠狼的皮毛光滑鲜亮，而且十分柔软，有很高的经济价值。它的尾巴沥水耐磨，是制造高级狼毫笔的原料。

◀沉思的小刺猬

黄鼠狼的护身法宝

黄鼠狼在遇到敌人时，会从肛门放出一股臭气，趁对方胆怯的空隙，赶紧逃之夭夭。放臭屁是它们重要的护身法宝。但如果遇到鹰、鹫等鸟类敌人时，它的护身法宝也起不了作用。

◀机灵的黄鼠狼

刺猬的天敌

刺猬最怕黄鼠狼，因为黄鼠狼对缩成一团的刺猬有一套对付的方法，那就是寻找刺猬用来呼吸的小缝隙，然后对准缝隙放一个奇臭无比的屁，这样就能把刺猬熏昏过去，使它的身体松散开来，再一口咬死刺猬。

除了黄鼠狼，狐狸也有办法对付刺猬，它会用嘴轻叼起刺猬球扔到水里，等到淹死后再慢慢地吃掉它。

孔雀开屏

▲相亲相爱的孔雀夫妇

孔雀端庄、聪敏、机警而又羞怯，它是一种象征吉祥如意的“幸福鸟”，自古以来深受人们的喜爱。人们经常能在动物园中看到孔雀，而孔雀开屏更是一道美丽的风景。

其实，能够自然开屏的只有雄孔雀，那是一种求偶的信号。当雄孔雀体内的生殖腺大量分泌性激素时，便会刺激其大脑，促使它展开那美丽的尾屏。春天是孔雀繁殖后代的季节，于是，雄孔雀就展开它那五彩缤纷、色泽艳丽的尾屏，还不停地做出各种舞蹈动作，向雌孔雀炫耀自己的美丽，以此吸引雌孔雀。等它求偶成功，就会与雌孔雀一起产卵育雏。

孔雀的种类

孔雀有绿孔雀和蓝孔雀两种。绿孔雀又名爪哇孔雀，分布在中国云南省南部，为中国国家一级保护动物。蓝孔雀又名印度孔雀，分布在印度和斯里兰卡。蓝孔雀还有两个突变形态：白孔雀和黑孔雀。人工养殖主要指蓝孔雀。

美丽的“多眼怪兽”

孔雀开屏也是为了保护自己。在孔雀的大尾屏上，散布着许多近似圆形的“眼状斑”，这种斑纹从内至外是由紫、蓝、褐、黄、红等颜色组成的。一旦遇到敌人而又来不及逃避时，孔雀便突然开屏，然后将尾屏抖动得“沙沙”作响，使眼状斑随之乱动起来。敌人害怕这种“多眼怪兽”，也就不敢贸然进犯了。

◀蓝孔雀的突变形态之——白孔雀

会发光的萤火虫

夏天的夜晚，在草丛、水边，我们常常可以看到一盏盏悬挂在空中、一闪一闪的小灯，这些会飞舞的“灯”便是萤火虫。

原来，在萤火虫腹部的末端，有许许多多的发光细胞。在这些发光细胞中，主要物质是荧光素和荧光酶，荧光素和含能量的物质在荧光酶的催化作用下，使化学能转化成光能，于是发出光来，但是光很弱，因此，只有在夜晚才能看得清楚。萤火虫发光的颜色也不同，有黄绿的，有橙红的，亮度也各不相同，这是由于它们所含的荧光酶各不相同之故。

百变萤火虫

荧火虫的一生要变四个模样。卵孵化出幼虫以后，经过9个月的生长就变成了蛹，最后再由蛹变成萤火虫。

萤火虫的翅膀有着亮红色和黑色的花纹，而且随着温度的升降而变化。同样，在萤火虫的发育过程中，翅膀的颜色也发生变化。

小小萤火虫

萤火虫在昆虫大家族中属于鞘翅目，萤科，属于肉食性的昆虫。它们的远房或近亲约有2000种。萤火虫是一种神奇而又美丽的昆虫。修长略扁的身体上带有蓝绿色光泽，头上一对带有小齿的触角分为11个小节。三对纤细、善于爬行的足。雄的翅鞘发达，后翅像把扇面，平时折叠在前翅下，只有飞行时才伸展开；雌的翅短或无翅。

▲百变萤火虫

犀牛是牛吗?

因为人类的大肆捕杀，犀牛的数量已经非常稀少，因此被列为国际重点保护的野生动物之一。

虽然在犀牛的名字里出现了“牛”字，但你们千万别认为犀牛也是牛，它不是牛。其实犀牛的归属在哺乳动物的分类学中已经有了十分明确的划分，它属于哺乳动物奇蹄目中的犀类，而牛属于哺乳动物偶蹄目中的一员，它们根本不是同一类动物。所有犀类的共同特点基本上是腿短、身体粗壮。

大型食草动物——犀牛

犀牛，是原产于热带丛林地区中的一种大型食草动物。它的名字起源于希腊文，意思是“鼻角”。世界上目前现存五种犀牛：黑犀牛、白犀牛、苏门答腊犀牛、印度犀牛和爪哇犀牛，五种犀牛中印度犀牛最为独特。犀牛是陆地上最庞大的哺乳动物之一。体重约 2 吨半，身高 2 米多，每天的食量数百斤。

犀牛的特性

犀牛腿短身肥，皮厚毛少，眼睛小，角长在鼻子上。犀牛以各种植物为食。它们胆子非常小，爱睡觉。犀牛睡觉的姿势很特殊，它们有时卧倒，也有时站着入睡。

犀牛的皮肤虽然很坚硬，但褶缝里的皮肤却十分娇嫩，里面常有寄生虫。为了赶走这些虫子，它们要经常到泥水中打滚抹泥。有趣的是有一种叫牛鹭的鸟，经常停在犀牛背上，为它清除寄生虫。

犀牛虽然体形笨重，但仍能以相当快的速度行走或奔跑。非洲黑犀牛在短距离内能达到每小时 45 公里的速度。

它们的繁殖很慢，几年才生育一次，怀孕期长达 16~18 个月，每胎只产一崽。幼犀牛 5 岁才开始成熟。

◀牛鹭和犀牛是一对亲密相处的好朋友

▲拟态大师——章鱼

章鱼是鱼吗?

章鱼是动物界的拟态大师，它不但可以扮成一块石头，甚至能够扮成海蛇、狮子鱼以及水母。章鱼叫“鱼”，其实它并非是鱼，而是一种软体动物，属头足纲动物的一种。章鱼有八条长脚，活像八条飘带一样，因此它被人们称为“八带鱼”，也叫“八爪鱼”。

◀逃跑的乌贼

章鱼的神奇长脚

章鱼的长脚在其生活中起到了非常重要的作用。八条长脚每条上约有 300 多个吸盘，每个吸盘拉力为 100 克，小生命一旦被吸住，根本无法逃命。

章鱼的长脚不仅是它的捕食工具，而且是它的防御工具。当章鱼休息的时候，总有一两只长脚在值班，值班的长脚不停地向着四周移动，如果外界有什么东西轻轻地触动了它的长脚，它就会立刻跳起来，同时把浓黑的墨汁喷射出来，以掩藏自己，趁此机会观察周围情况，准备进攻或撤退。一旦敌人捉住了章鱼的长脚，危及到章鱼的生命时，章鱼便会将长脚自动断掉，然后迅速逃走，以保全自身的性命。当章鱼的长脚断掉后，伤口并不会流血，伤口处血管会极力收缩，伤口会很快愈合，不久便会长出一条新的长脚来。

与章鱼一样会喷墨汁的动物

▼章鱼触腕上的吸盘

乌贼和章鱼一样，也有一套施放“烟幕”的绝技。它体内有一个墨囊，里面储藏着分泌的墨汁。当它遇到敌害时，就紧收墨囊，射出墨汁，使海水变得一片漆黑，它便趁机逃之夭夭。乌贼还用墨汁来麻醉小动物，使它们成为自己的美食。

经常喷水柱的鲸

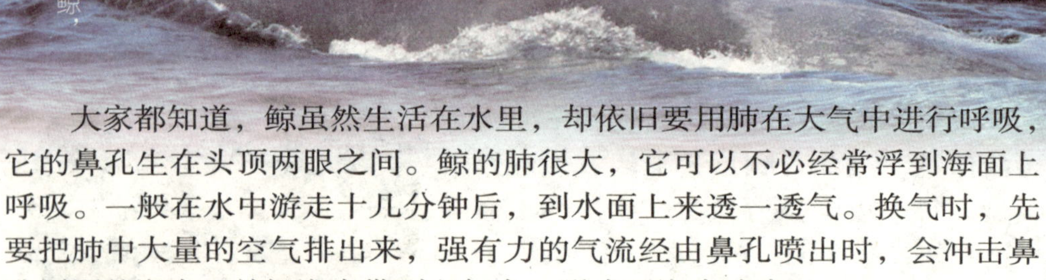

▶一只正在喷水柱的蓝鲸，其实它是在换气呢

大家都知道，鲸虽然生活在水里，却依旧要用肺在大气中进行呼吸，它的鼻孔生在头顶两眼之间。鲸的肺很大，它可以不必经常浮到海面上呼吸。一般在水中游走十几分钟后，到水面上来透一透气。换气时，先要把肺中大量的空气排出来，强有力的气流经由鼻孔喷出时，会冲击鼻孔周围的海水，并把海水带到空气中，形成了海中喷泉。

鲸为什么不用穿“毛衣”？

哺乳动物的皮毛使它们的身体保持温暖和干燥，并帮它们阻挡来自天气等外界环境的伤害，这就和人们穿衣服的道理有几分相似。但鲸这种生活在海里的大型哺乳动物却没有毛，为什么呢？原来鲸体内的脂肪能起到保暖的作用，所以它们当然不需要“毛衣”了。

鲸是鱼吗？

其实，鲸不是鱼，而是哺乳动物。首先，鱼是卵生的，而鲸是胎生的；其次，鱼用鳃呼吸，而鲸没有腮，只能用肺呼吸；最后，鱼的体温随着环境的变化而变化，而鲸的体温是恒定的。

▼鲸鱼也疯狂

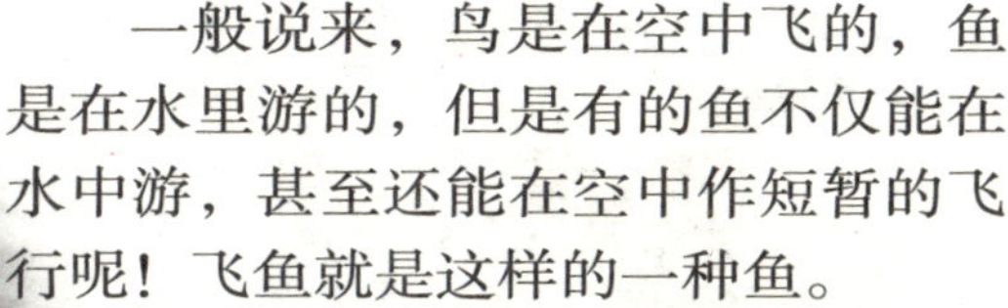

飞鱼为什么会飞？

一般说来，鸟是在空中飞的，鱼是在水里游的，但是有的鱼不仅能在水中游，甚至还能在空中作短暂的飞行呢！飞鱼就是这样的一种鱼。

飞鱼会飞和它的鳍有关。飞鱼长有一对发达的胸鳍，其长度约为身长的三分之二，其宽度约为身长的三分之一，腹鳍也比较发达，尾鳍下叶比上叶长，这些鳍使飞鱼具备了飞行条件。当由胸鳍产生的上升力和尾鳍产生的前进力合在一起时，飞鱼就能离开水面飞行了。

▲飞鱼落在了小男孩的手中

飞鱼为什么要飞？

飞鱼飞翔的目的主要是自卫，以逃避凶猛的鱼类和海豚的追赶。如海中的鲨鱼，常常追逐捕食飞鱼，因此，有飞鱼成群飞翔的海区，常有鲨鱼群体出没。除了避敌飞翔外，它们在兴奋时也时常成群飞出水面，并发出如鸟飞时呼呼的振翼响声。

飞鱼如何繁殖后代？

每年的四五月份，飞鱼从赤道附近到我国的内海产“崽”，繁殖后代。它的卵又轻又小，卵表面的膜有丝状突起，非常适合挂在海藻上。渔民们根据飞鱼的产卵习性，把许许多多几百米长的挂网放在海中，重重叠叠的渔网使飞鱼自投罗网，在网中产卵。

▼不同种类的飞鱼

▼电脑制作的飞鱼

比目鱼的眼睛

▶怪模怪样的比目鱼

一般鱼类的两只眼睛都是对称地长在头的左右两侧，但比目鱼却与众不同，它的眼睛长在身体的同一侧。加上它身体特别扁，两边也不对称，给人以一种怪模怪样的感觉。

这是比目鱼逐渐适应环境的结果。当它小的时候，两只眼睛对称地长在头部两侧。当它长到20多天时，由于身体各部分发育不平衡，就逐渐地把身体侧过来。与此同时，它下边一侧的那只眼睛上移而到达上面的一侧，与上面原来的那只眼睛并列在一起，达到适当的位置后，移动的那只眼睛的眼眶骨就长成了，以后不再移动而固定下来。

▶比目鱼的保护色

比目鱼的绝招

比目鱼除了隐身来保护自己外，还有一个绝招，就是那如豹鳎的鳍基部一样有一列毒腺，所分泌的黏液中的化学物质可以让想攻击它的鲨鱼的上下颌麻痹得合不起来，从而使它能顺利逃生。

比目鱼的肤色

比目鱼因为长期生活在海底，它的皮肤也发生变化。身体下侧因长期面向海底，色素也就较浅呈淡白色，而上侧接近海底土质的颜色，呈棕色，略带斑点。这种保护色既可以躲避敌害又可以方便地获取食物。

鳄鱼是鱼吗？

▲鳄鱼的血盆大口和尖利的牙齿

鳄鱼不是鱼，在人们的心目中，鳄鱼就是“恶鱼”。一提到鳄鱼，立刻会想到血盆大口，密布的尖利牙齿，全身坚硬的盔甲以及它那时刻准备吃人的神态。

其实它与龟、蛇同属于爬行动物。鱼是用鳃呼吸、以鳍游泳的水生脊椎动物，而鳄鱼是生活在热带河流池沼中的爬行动物，体披角质鳞，用脚上的蹼和大尾巴游泳。

它通常生活在比较温暖的地区，傍水而居，它们大部分时间都在晒太阳取暖，正在享受阳光浴的鳄鱼一般对猎食不感兴趣。鳄鱼是食同类肉的动物——它们互相吞食。

鳄鱼群一般由个体大小相同的成员组成，小鳄鱼群会避开大鳄鱼们，以免被它们吞食。鳄鱼样子丑恶，性情残暴，使人望而生畏。

鳄鱼虽然凶残，但对子女却十分关怀。有时父母共同保护它们的卵，特别是雌鳄，宁肯自己挨饿也寸步不离地守在窝旁。

鳄鱼真的会流泪吗？

鳄鱼流的所谓“眼泪”实际上是一种盐溶液。我们知道，有些动物的肾脏是不完善的排泄器官。为了从体内排除多余的盐分，它们就产生了帮助肾脏进行工作的特殊腺体。对于鳄鱼来说，这种排泄盐溶液的腺体正好位于眼睛附近。所以，鳄鱼流“眼泪”不过是为了排泄体内过多的盐分。

童话里的“美人鱼”真的存在吗？

小朋友们都在虚构的童话故事中看到过美人鱼，她们长着美丽的面庞，只可惜没有腿，而是拖着一条长长的尾巴。

其实，世界上还真有美人鱼，它是人们对儒艮的误称，它的形象并不美，甚至还很丑陋。它的体形像一只巨大的纺锤，身大头小尾巴像月牙。最难看的是它那像耗子一样的眼睛，鼻孔顶在头上，耳朵无耳沿，样子十分难看。说它是美人鱼，是因为它在生活习性上有和人类相近的地方，就是幼儒艮都是吸吮妈妈的乳汁成长的。儒艮的体型也有像女人的地方，它进化了的前肢——胸鳍旁边长着一对较为丰满的乳房，其位置与人类非常相似。所以在它偶尔腾流而起，露出上半身出现在海面上时，真有点儿妇人模样，所以便有人称它为“美人鱼”了。

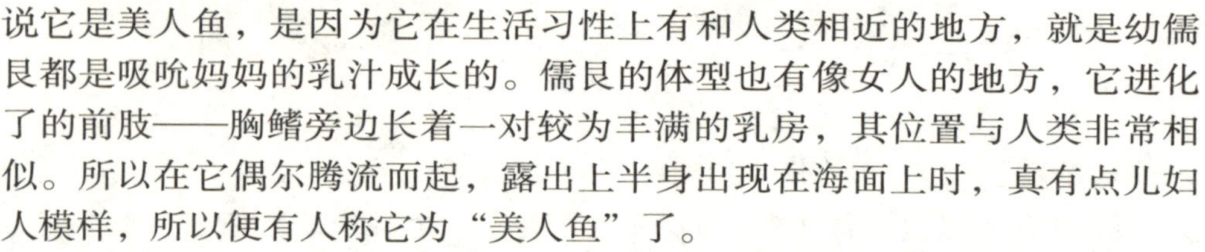
▲它能称得上是“美人鱼”吗

儒艮虽然看上去体大笨重，但性情谦和，多三五只或十余只成群出没于浅海地带，同伴之间常常以鼻相碰以示友好，很少争斗。儒艮每天食草多达数十公斤，约为其体重的百分之十左右，因此消化系统十分发达，它用发达的盲肠和长达 45 米的肠道来消化食物。儒艮可以屏住呼吸沉到 30~40 米的水下达 20 分钟之久。躲避敌害时，也可以用宽大、肥厚的尾巴击水，快速游泳，逃逸而去。儒艮一般要到 9~10 岁时才能达到性成熟，产崽于水中，每胎通常只产 1 崽，怀孕期为 1 年，哺乳期也为 1 年。

◀儒艮在海洋世界中也算得上是庞然大物了

海洋的初级“消费者”

儒艮为海生草食性兽类，被列为“国家一级保护动物”。其分布与水温、海流以及海草的生长有密切关系。多在距海岸 20 米左右的海草丛中出没。以 2 ~ 3 头的家族群活动，在隐蔽条件良好的海草区底部生活，定期浮出水面呼吸。

高个子长颈鹿

▲现在知道脖子长的好处了吧

长颈鹿体高约五六米，是陆地上最高的动物。它有一双锐利的眼睛，观察四方。当长颈鹿发现远处有不怀好意的敌兽时，它最初不动声色，毫不慌张，悠然自得。等到敌兽窜到一定距离时，才腾起四蹄，飞奔而去，时速可高达 50~60 千米，使敌兽望尘莫及。如果遭受偷袭，长颈鹿也毫不示弱，用那铁扫帚似的长腿，给予坚决反击，甚至可以把狮子踢倒。长颈鹿的脑袋也是很厉害的自卫武器，它的前额有一块突出的坚硬骨瘤，晃动起来犹如一个大铁锤，足可砸死大羚羊。

长颈鹿的脖子

长颈鹿的脖子特别长，而躯干却很短小，让人看上去感觉很不稳。其实，长颈鹿祖先的脖子并不全是长的，其中有的长颈鹿的脖子比前肢长一些，有的脖子比前肢短一些。当青草缺乏的时候，脖子和前肢比较长的长颈鹿，能够吃到树上高处的叶子，而那些脖子和前肢短的长颈鹿，因为吃不到充足的食物，时间长了，就慢慢地被饿死了。就这样，那些脖子和前肢比较长的长颈鹿就存活下来，并且一代一代地把长脖子和长前肢的特点传下去。经过漫长的演变过程，长颈鹿的脖子就变成现在这样长长的了。

长颈鹿到底是不是哑巴？

人们饲养长颈鹿从没听过它们的叫声，甚至在被狮子撕破喉咙，垂死挣扎的时候，也不会发出一声呻吟。因而常常被误认为是哑巴。

实际上长颈鹿具有声带，而且很特殊。小长颈鹿可以发出声音，但随着长颈鹿慢慢成年就变成了哑巴。在科学上的解释是这样的，在成长过程中，随着长颈鹿的脖子不断变长，胸腔和发声的肌肉与声带距离变远，肺部的气流传到声带处时已经无法发出声音了，因而逐渐地失去了发声的功能。我们平时看见长颈鹿们在一起相互蹭脖子，它们是用这种肢体语言来相互交流。

▲「我可不是好欺负的」

蝙蝠是鸟还是兽?

人们常用“飞禽走兽”一词来形容鸟类和兽类，但这种说法有时却并不一定正确，因为有一些鸟类并不会飞，如鸵鸟和企鹅；同样也有一些兽类并不会走，如生活在海洋中的鲸类等。

而蝙蝠却是唯一真正能够飞翔的兽类，它不会像一般陆栖兽类那样在地上行走，却能像鸟类一样在空中飞翔。它体色全黑，貌似老鼠，嘴里有牙齿，身上有软毛，生小蝙蝠而不生蛋，这些都是兽类的特征。它们的前肢退化了，在前后肢中间有一层膜，样子像鸟类的翅膀，能在空中飞行，形成蝙蝠独特的飞行器官——翼手。

▶是不是觉着我很帅

能“播撒”树种的蝙蝠

蝙蝠能“播撒”树种，对森林的再生起到了非常大的作用。像短尾蝙蝠，每晚能让4~5万个树种落地。蝙蝠像蜜蜂和蜂鸟一样还能传授花粉。

食虫蝙蝠能控制害虫的数量：它们1小时能吃掉600个蚊子大小的害虫。“如果雨林失去了蝙蝠，我们就会遇到严重的问题，”科学家说，“整整一批热带植物和树木离开它们就不能生存。”

◀蝙蝠独特的飞行器官——翼手

◀倒挂的蝙蝠

倒挂着睡觉的蝙蝠

蝙蝠倒挂着睡觉，这跟它的身体构造有关。正如我们所知，蝙蝠是唯一能真正飞行的哺乳动物，虽然它有宽大的翼膜，可是它的后脚却又短又小，而且和翼膜相连。因此，当它落下来时，只能伏在地面上，不能站立或行走，更不能飞行，而只能慢慢爬行，很不灵活。如果爬到高处倒挂起来，遇有危急时，就可以随时伸展翼膜起飞，非常灵活。

哪些鸟能够模仿人说话？

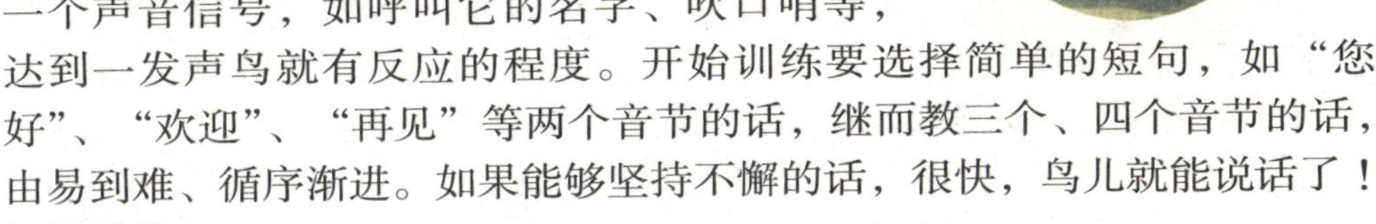

◀黑色八哥

俗话说："人有人言，兽有兽语。"动物也是非常聪明的，它们不仅能模仿人的动作，还能模仿人说话呢。

能够模仿人说话的鸟有绯胸鹦鹉、八哥、鹩哥、松鸦等，但主要是前三种。

训练鸟说话要让它们形成条件反射。首先要养成鸟吃人手中食物的习惯，并在喂食前给一个声音信号，如呼叫它的名字、吹口哨等，达到一发声鸟就有反应的程度。开始训练要选择简单的短句，如"您好"、"欢迎"、"再见"等两个音节的话，继而教三个、四个音节的话，由易到难、循序渐进。如果能够坚持不懈的话，很快，鸟儿就能说话了！

机械模仿

在鸟学说话期间，不要让它听无聊的话，尤其在鸟的"学话敏感期"（即学话效果最佳的一段时间）更应该注意。能学说话的鸟有一些共同特点：或者是善于鸣叫、善于模仿的，或者是口大舌软的，但它们说的话无论听起来多么逼真，也不过是机械模仿的结果，并不懂得语义。

为什么鹦鹉能模仿人"说话"？

科学家经研究发现，鹦鹉之所以能学人说话，主要是它有着特殊结构的舌头。它的舌根非常发达，舌尖细长，舌头比较富于肉质，而且舌端圆滑，十分柔软，转动灵活。另外，鹦鹉的鸣肌也很发达，能在神经系统支配、控制下收缩和松弛，调节鸣声。由于这些优越的生理条件，鹦鹉可以发出比较准确、清晰的声调。经过训练的鹦鹉除了会学人说话外，还会学狗叫、学火车鸣笛声等。

◀色彩艳丽的鹦鹉

猫的眼睛一日三变

▲阁下可是黑猫警长

猫总是在夜间捕捉老鼠，白天则呼呼大睡。不知你观察过没有，猫的眼睛在一天之内是不一样的。因为猫眼的瞳孔很大，瞳孔括约肌的收缩能力极强，在不同的光线下，括约肌能很好地对瞳孔进行调解，使瞳孔与光线相适应。早晨阳光强度一般，瞳孔便呈枣核状；中午阳光强烈，为避免强光刺激，瞳孔便缩成一条线；晚上光线昏暗，为了将更多的光线纳入眼中，将景物看得更清楚，瞳孔就像十五的月亮一样圆了。

正因为猫眼的瞳孔可随光线强弱而变化，所以在光线过强或过弱的情况下，猫都能清楚地看到东西。

猫胡子的特异功能

我们知道猫有长长的胡须，如果仔细观察一下，便会发现胡须伸开的宽度，恰好和猫身体的宽度一样。它是把胡须当尺子用来测量前边的路够不够宽，看一看自己的身体是否过得去。不管在夜晚还是到洞里，只要没有碰到胡须，猫就可以通行无阻地前进。猫的胡子可以明察秋毫，因为胡子根部布满神经，轻微的动静都能察觉，连气流、风向都逃不过它的胡须。

▲甜密密

可以调解身体平衡的猫

猫是善于攀爬跳跃的动物，保持平衡的本领要比其他动物强。当猫从高处掉下来的瞬间，身体失去平衡，它通过眼、耳的感觉器官迅速传到大脑，并且迅速通知身体各个肌肉部位进行调节，以最快的速度将不平衡的身体恢复到正常的位置，使落地时总是一只脚先着地，而且使腿略弯曲，所以不会摔伤。另外，猫在空中时，还可以调节身体平衡，像飞机飞行一样。

▶「我们是攀爬高手」

海马是马吗？

海马长着和马一样的头和脸，但它身体弯曲着，并且被骨状盔甲包裹着，外形看起来非常古怪。

其实海马不是马，而是生活在水里的鱼类。它在分类学上属于硬骨鱼纲。它用鳃呼吸，有脊椎骨、背鳍、胸鳍和尾鳍，因其头部酷似马头而得名。海马尾部细长，呈四棱形，而且可以卷曲。这使海马可以用尾巴钩住海草，直立于水中。海马体表没有鳞片，却披着坚硬的环状骨板，用以抵御敌人的侵袭，而且，在有些环节上还生有凸起。海马的身体呈淡褐色，体长约10厘米左右。

你对海马了解多少？

海马性情温和，行动缓慢，靠扇动背上的鳍来让身体垂直地上下游动。它们把尾巴缠在水草上，以便让自己停留在水中，用长长的嘴巴吸食小虾和浮游生物。另外，海马还是隐形的高手，多数种类都能像变色龙一样随环境改变色彩。

小海马是谁生的？

小海马是由海马爸爸生的。每年春夏之交，雌雄海马便开始相互追逐，寻找“伴侣”。一旦情投意合，雌雄海马便尾部相互缠在一起，腹部相对。雌海马会细心地把卵子排到雄海马的“育儿袋”中，此后，雄海马就担起了“妈妈”的角色，担负起孕育孩子的责任。雄海马经过一段时间的孕育，幼崽便会从此分娩出来。

◀『看看我的大肚子』

◀『我还是隐形高手呢』

◀情投意合

螃蟹煮熟了为什么会变红？

▶爬行的螃蟹

▶横行的螃蟹

螃蟹身体的颜色是由真皮层中的色素细胞决定的。在真皮层中，分布着各种各样的色素细胞，它们大多数都是青黑色的，因此活的螃蟹呈现青色。在这些色素细胞中，有一种叫虾红素的色素，平时它与其他色素混在一起，无法显出鲜红的本色，但经过烧煮后，其他色素都被破坏和分解了，唯独它不怕高温，依然存活，因此，螃蟹煮熟后便呈现红色。虾煮熟后变色也是这个原因。

海滩上的"清洁工"

螃蟹一般都以腐殖质和低等小动物为食，是海滩上的"清洁工"。螃蟹身体宽而扁，腹部退化卷折于头胸部之腹面，肠道较短，是喜食动物尸体和粪便的，如果没有螃蟹不停地大撕大嚼的话，美丽的海滨就将充满动物的陈尸腐臭了。

横行的螃蟹

螃蟹横着爬行，因而被人们称为"横行介士"，这在动物类群中是独一无二的。这完全是由自身的构造决定的。首先螃蟹长有八只步足和一对螯足，每一只足都由七节组成，节与节之间由轴面不同的关节相连，形成一个杠杆系统。足的各节只能上下运动，而不能前后转动。

从生物学的角度看，螃蟹的胸部左右比前后宽，八只步足伸展在身体两侧，它的前足关节只能向下弯曲，这些结构特征也使螃蟹只能横着爬行。

▲◀餐桌上的美味

珊瑚是植物还是动物？

在大海的深处，生长着各种颜色艳丽的珊瑚，它们有的长得像松树，有的长得像花朵，漂亮极了！而且，大量的珊瑚聚集在一起，随着海波摇曳时，更是美丽迷人，就像是海底的热带雨林一般。

其实，珊瑚是一种低等动物，它属于内外只有两个胚层的腔肠科动物，也叫"珊瑚虫"。它只有一个口，而没有肛门，食物由口摄入，不被消化的残渣也由口排出。口的周围生有很多触手，这就是人们一直认为是花的一种东西。触手能够捕捉食物，或者振动引起水流，从而使食物进入口及腔肠之中，进行消化并分泌出一种石灰质以建造自己的躯壳。在生长过程中，珊瑚为了能更多地捕捉食物和吸收阳光，除了向上生长外，还向前后、左右扩展，形成在三度空间似树枝状的生物群体，婀娜多姿，美丽动人。它是不能吸收无机物质的，因此是动物。

▲颜色艳丽的珊瑚

关注珊瑚

珊瑚美丽的颜色来自于体内的共生海藻，珊瑚依赖体内的微型共生海藻生存，海藻通过光合作用向珊瑚提供能量。如果共生海藻离开或死亡，珊瑚就会变白，最终因失去营养供应而死。如今，由于水体的污染，珊瑚的生存环境也正在日趋恶化，色彩斑斓的珊瑚正在逐步失去其光彩，面临着巨大的生存威胁。

▶神秘的海底世界

动物也有年轮吗?

▲圆形环纹的蚌

大家都知道植物有年轮，我们可以通过植物的年轮来判断它们的年龄。动物也是自然界的一分子，很多动物也有年轮，比如蚌。蚌有两片贝壳，外层黑褐色，上面有许多同心圆状的环纹，叫做生长线，这就是蚌的年轮。由于它在夏冬季节生长速度不同，所以生长线有宽有窄，便可据此判断它的年龄。

鱼也有年轮，不同的鱼类，它们的年轮的部位也不相同。例如，鲤鱼的年轮从鳞片、鳃盖骨上可以看到；鳗鱼的年轮在牙齿上；黄花鱼的年轮藏于头骨中的耳石上。

▲贝壳

五花八门的年轮

甲壳年轮：爬行动物如龟、鳖等，年轮“刻”在背部的甲壳上，腔肠动物如珊瑚的年轮则是在它们表壁上有粗细之分的规则形条纹。

鳞片年轮：春夏季节，鱼生长较快，所以鳞片也就长得快，产生较宽的同心圈；秋冬水温较低、食物减少，鱼生长得慢，鳞片也长得较慢，便产生了较窄的同心圈。以后年复一年，鱼鳞上便留下了宽带窄带的明显分界线，形成了鱼特有的年轮。

牙齿年轮：哺乳动物马、牛、羊、骆驼、骡子等在牙齿钙化过程中留下了年轮。所以农村中有经验的老人只要一看牛、马的牙齿，就可准确地看出其年龄。

▲一串长长的脚印

人也有年轮吗?

如果说人也有年轮，你敢相信吗？它不在人的身上，而是在人的脚印里。人的年轮怎么数呢？人在行走时脚后跟落地的一瞬间，它对地面有一定的冲击力，会留下圆形痕迹，足迹学上称“踏痕”，这就是人的年轮。它的大小随年龄变化，年龄越小，踏痕面积越小，年龄越大，踏痕面积越大，于是，便可据此判断人的大致年龄。它在刑事侦查上经常被应用到。

蛇能吞下比自己大得多的东西

▲"肚量"惊人的蛇

你知道吗，蛇能轻易地吞下一只鸡呢！这是因为它口中有一块方骨在起作用，方骨连接蛇的上下两颚，它可以使蛇的嘴巴尽力张开，同时下颚肌肉也会配合着它而拉宽。此外，蛇的食道和胃，也会随着食物的大小随意扩大缩小，当然表皮上重叠的鳞片也可以撑开。蛇就因为以上的特殊器官以及功能，可以吞下比自己身体大得多的食物。

▲号称"蛇中骏马"的响尾蛇

关于蛇的传说

蛇俗称小龙，由于人对蛇怀有敬畏心理，远古时代的人民崇尚"人首蛇身"的图腾。

千百年来，围绕"蛇"这种普遍却神奇的生物产生了无数的神话传奇：女娲是人面蛇身的神女，伏羲是人首蛇身的帝王，亚当与夏娃因为蛇而成全了人类，白蛇传谱写了一首千百年的感人爱情绝唱……

惊人的爬行速度

因为蛇的腹部长有许多细小的鳞片，又大又结实，蛇的这些鳞片与肌肉相连，蛇就是靠身上的鳞片爬行。当肌肉收缩时，这些鳞片既能竖起来，也能再倒下，从而与地面产生摩擦力，就像长着无数只很小的脚踩在地面一样，推动着身体向前行进。

蛇类爬行的速度相当快，眼镜王蛇爬行时，快得像在飞一样，还发出"嗖！嗖！"的响声，每小时速度可达20千米，所以眼镜王蛇被称为"过山风"。响尾蛇虽然号称为"蛇中骏马"，但它的最高速度不过是每小时5千米而已。沙漠中还有一种红游蛇，身体细长，行进速度也很快。

▼有"过山风"之称的眼镜王蛇

变色龙为什么会变色？

▼伪装高手——变色龙

俄国作家契诃夫在小说《变色龙》中，以变色龙颜色多变的特征，来讽喻一种狡猾善变、趋炎附势的人。事实上，变色龙就是“骗子”的代名词，因为变色龙是伪装高手。

原来，变色龙皮肤的每个细胞里，有四种色素：红、黄、赭、绿。这四种色素，都会随环境或情绪的变化而一会儿扩张，一会儿收缩。比如，绿色素一受到草绿色的刺激，就立刻伸张开来，布满了整个细胞，同时，其余三种色素就收缩成为微细的小点。这时候，细胞就变成了绿色。这使它能轻易地将自己“隐藏”在环境中，而免受敌人的攻击或有效地对猎物发起猛攻。

▶狡猾多变的变色龙

变色龙颜色改变有时是因为它们的情绪发生了变化。变色龙心情好时呈现绿色，发怒的时候体色就会呈现红色，它的情绪全都写在自己的身上。

传说中的蛟龙

蛟龙实际上是扬子鳄。其实扬子鳄并没有呼风唤雨的本领，却是洪水的受害者。它栖居在沼泽地区，洪水常常冲毁它的家园，使它无处安身，容易被人看到。人们看到扬子鳄在汹涌的洪水中翻滚，误以为它就是兴风作浪的蛟龙。

变色龙的秘密武器

▼枝间爬行

变色龙有一件秘密武器，就是长度几乎为身体 2 倍的舌头。变色龙的舌头在捕食时真正的作用是阻碍被捕食对象的运动。在变色龙的舌头与目标接触前，它舌头的尖端首先形成一个具有空气负压的“吸力杯”。接触后，其舌头组织如同真空泵一般将“吸力杯”拖拽回来，能使得目标被困住，然后再成为它的美食。

壁虎为什么会断掉自己的尾巴?

壁虎是蜥蜴的一种，是恐龙的近亲。平时栖于壁间、檐下等处，夜间才沿壁活动和捕食，所以叫“壁虎”。小朋友们也许看见过壁虎截掉自己的尾巴，那是它防敌的一种手段。

壁虎的尾巴长得不很结实，节与节相连处骨头很脆，一用力就会挣断。当壁虎被敌人拖住尾巴时，它就把尾巴挣断，丢下一截跳动不停的尾巴给敌人，让对方以为得到了全部猎物而放弃追击，而壁虎却得以趁机逃之夭夭。过上一段时间，断尾的壁虎又能重新长出一条新尾巴，这叫“再生”。

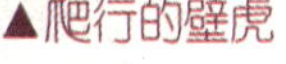

▲爬行的壁虎

断尾自救

能够断尾自救的不仅仅是壁虎，蜥蜴同样也能断尾自救。蜥蜴的尾部如果被捉住，它能靠尾部的激烈运动将尾折断。尾的自断是一种本能，这可以被看做是一种保护性适应，以此来逃避敌害。

▲逃之夭夭

最大的壁虎——大壁虎

大壁虎别名蛤蚧、多格、蛤蟹，属于壁虎科，是国家二级保护动物。它是壁虎科中最大的一种，长 30 厘米左右。头宽大，略呈三角形。吻圆，眼睑明显。身体背面灰褐色，密布细小鳞片，细鳞间有褐色至橘红色的粗大瘰粒，排列成纵行。腹面鳞片较大，略成六角形。四肢的指、趾宽大扁平，具吸盘；除第一趾外，均具小爪。腹面白色，有粉红色斑纹。尾部形成灰白色和粉红色相间的环纹。

◀断尾的痛苦状

猴子们真的在互相捉虱子吗？

▶凝视

动物园里，我们经常可以看到猴子之间相互拨弄身上的毛，并且不时从中拾出些东西放到嘴里，有人说它们在捉虱子吃。

其实不是这样。猴子放到嘴里的是一种它们身体上的分泌物，呈白色的颗粒状，里面含盐、微量元素及其他物质。它们之间互相拣食，既清洁皮肤，又有益于身体，真可谓一举两得。

这种“捉虱子”的动作，往往是“地位低”的给“地位高”的捉，似乎有巴结的意思；有时猴妈妈也给小猴捉，在人类看来，这也是一种母爱的体现呢！

猴子的生活习性

猴子喜欢群居，记忆力强，爱恨分明，如果被人欺侮它会记很久，如果获得善待，它也会投桃报李。另外，雌猴的母性很强，为了保护孩子，可以不惜一切与侵犯者搏斗；当找到食物时，也是先喂饱孩子，然后自己才吃。

▲猴子上树

▶红屁股

红屁股的猴子

猴子是极喜欢坐的动物，所以屁股常在地上蹭来蹭去，毛被磨掉后皮肤就露出来了。屁股上的皮肤有一部分叫做性皮，有许多血管穿过这里。平时不太显眼，但一到发情期，由于雄性激素增多，血液循环加快，全身皮肤上的血管，特别是性皮上的血管和脸上的血管便清楚地显露出来，屁股便呈现出红色。

背着房子的蜗牛

“蜗牛背着重重的壳，一步一步地往上爬。”我们经常会看到蜗牛背着“房子”到处走来走去。

蜗牛原来是生活在水中的，后来由于生存环境发生了变化，它不得不来到陆地上。蜗牛的身体是软的，而且含有大量的水分，有了硬壳，它便可以保护自己的身体。当遇到危险时，蜗牛就躲进壳中。

另外，在炎炎烈日下，蜗牛分泌黏液，把壳密封起来，这样就可以保证体内的水分不被过量地蒸发。

▲「喜结良缘」

▲「出双入对」

肛门和鼻子在一起

蜗牛房子的入口处有两个小洞洞，一个是呼吸用的“鼻子”，一个是排便用的“肛门”。如何分辨哪个是鼻子，哪个是肛门呢？这好办，平时一开一合的小洞是鼻子，因为它要不停地呼吸；而经常合着的就是肛门了，因为只有在排便的时候肛门才张开。

蜗牛的天敌

蜗牛虽然有一个坚硬的外壳，但它也难逃被吃掉的厄运。它的敌人是谁？就是会发光的萤火虫。萤火虫在吃蜗牛之前，先给它打一针麻醉剂，然后再将它吃掉，让它死得毫无痛苦。

▶原来蜗牛也可以如此美丽

行走在沙漠中的骆驼

▲在灼热的沙漠里行走

▲骆驼母子

有“不毛之地”之称的沙漠或戈壁，那里不仅干旱缺水，而且夏天酷热，冬季奇冷，常常狂风大作，飞沙走石。在这种恶劣的生活环境中，骆驼却可以长时间在其中行走，这是因为骆驼有双重眼睫毛，可以有效地挡风沙。鼻孔内有瓣膜，风沙来时可关闭。身上有又密又长的毛，可以抵御寒冷。骆驼的脚掌宽，而且有厚厚的角质垫，可以帮助它在灼热的沙漠里行走。而且，它体温的调节范围大，很少出汗，能很好地防止体内水分流失。最重要的是，它有两个驼峰，里面贮存着大量脂肪；肚子里有许多囊袋，能贮存大量的水。

正是因为上面的这些原因，所以骆驼才能长期在缺少水和食物的沙漠中行走。

骆驼的四肢

骆驼的四肢细长，与其他有蹄类动物不同，第三、第四趾特别发达，趾端有蹄甲，中间一节趾骨较大，两趾之间有很大的开叉，是由二根中掌骨所连成的一根管骨在下端分叉成为“丫”字形，并与趾骨连在一起，外面有海绵状胼胝垫，增大接触地面部分的面积，因而能在松软的流沙中行走而不下陷。

京华之舟——骆驼

骆驼体毛一般为褐色，也有浅黄、灰白等色型；头顶生有簇毛，体毛蓬松而长；驼峰肥大而丰满，夏季脱毛后还残留一道厚毛；四肢粗壮，蹄宽而扁。有双峰驼和单峰驼两种。双峰驼曾在我国北方广泛驯养，至今在内蒙古和西北地区仍然能够见到。过去很长时间曾作为口外与京城之间贸易的主要交通工具，素有“京华之舟”的美誉。

▼仰望长空

苍蝇对人有哪些危害?

苍蝇是人们熟悉而又厌恶的昆虫，它的种类和数量都极多，被人们列为“四害”之一。

苍蝇在吃东西的时候总是先吐出唾液分解食物，然后再用嘴猛吸一顿。它用长满毛的腿在食物上爬来爬去，一边吃一边吐出唾液，每隔几分钟还要排泄一次。人们吃了苍蝇爬过的东西，有可能得痢疾、霍乱、伤寒等传染性疾病。

◀身单影只

苍蝇容易在脏乱的环境中滋生，因此，为了避免苍蝇给人类健康带来危害，我们一定要注意清洁我们身边的环境。

蝇眼的启示

人们从苍蝇的复眼结构得到启示，仿效蝇眼制成一种新型的照相机叫做“蝇眼照相机”，分辨率达 4000 线 / 厘米。这种照相机，可用来大量复制电子计 算机精细的显微电路。科学家还模仿蝇眼中小眼的排列及其光学特性，仿制成一种“蝇眼”探测系统，用来研究高能宇宙射线的成分及其起源。

最平稳的飞行

苍蝇虽然个头小，却能以 40 公里的时速飞行；如果发现情况，能在 0.03 秒的瞬间迅速起飞。苍蝇飞行一整天只消耗食物 1/10 克。美国一位生物学家曾经说过：“苍蝇是所有飞虫中，飞行最稳定、机动性能最佳的。在昆虫世界，苍蝇就是喷气式战斗机。”

◀两只苍蝇

植物中也有“入侵者”吗？

▲茂密的森林

近来，加拿大一种黄花在我国南方地区生长肆虐，已经导致了大片相邻植物迅速减少甚至灭绝，给当地物种平衡带来极大影响。而在我国的云南地区，居然面临着150多种外来植物“入侵者”的威胁。

“植物入侵”是指某种植物从外国或外地，通过某种自然或人为的因素而引种到当地，由于土壤或气候因素适宜，迅速繁殖，成为野生状态，并对本地生态系统造成一定危害的现象。

如果一个外来物种在新的生存环境中没有任何天敌，那么它很可能无节制地繁衍，对入侵地的其他物种构成极大的威胁，造成生态平衡的失调，进而造成严重的社会经济损失。

恶魔金钟藤

去年曾备受关注的外来物种金钟藤，最近被发现在广州地区已大面积蔓延。

金钟藤生命力非常强，只要藤茎一落地就能生根。在金钟藤大面积存在的地方，被它覆盖的树木由于无法进行光合作用而被活活缠死，即使是十几米高的橄榄树也无法逃脱其“魔爪”。

目前广东已成为外来入侵生物种类最多的省份之一。据有关专家保守估计，外来物种每年给广东省带来的经济损失达数十亿元之多。

▶紫茉莉已被列入了『入侵』的黑名单

“危险”的外来入侵物种

福寿螺想必大家都不会觉得陌生。可谁又知道这道餐桌上的美味佳肴却属“外来入侵物种”。同样，作为观赏花卉的紫茉莉、生活中常用的药物曼陀罗，都被列入了“入侵”的黑名单。

据资料显示，目前入侵北京的外来植物种类约在36种以上，分属13科，包括6种被列为我国检疫杂草的恶性入侵植物。

根据国家林业局的调查，迄今为止，我国已发现外来有害植物107种，外来害虫32种，外来病原菌23种，这些有害外来物种已经入侵了我国大多数生态系统，成为我国可持续发展的心腹之患。

植物有感觉吗?

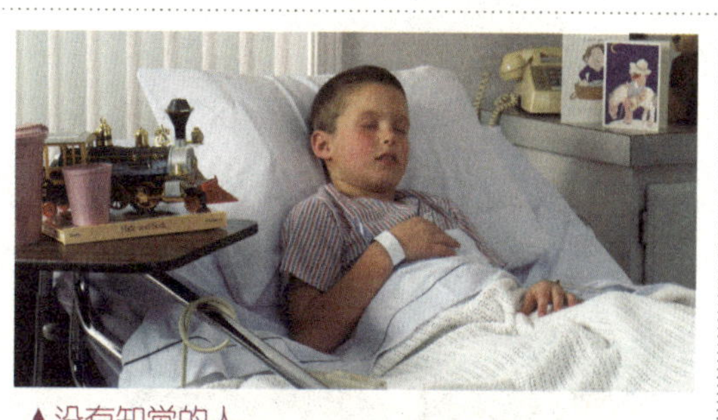

▲没有知觉的人

医学上把一种大脑受伤后失去知觉的病人称做“植物人”。这种病人长年卧床，只能吃、睡，而没有任何知觉，如同人们心目中的植物一样。

经科学家研究发现，许多植物并不像人们所说的没有知觉，它们不仅有知觉，而且还非常灵敏，甚至能知晓周围发生的凶杀案呢！美国有位叫柏克斯德的科学家，他曾组织几个人，在一盆仙人掌前搏斗。结果，接在仙人掌上的电流测试仪居然测出了整个过程的电波曲线图！这是因为植物目击“凶杀”过程时，会产生一种特殊的“愤怒”反应，在电波曲线上明显地表示出来，成为凶杀过程的“目击记录”。

爱听音乐的植物

◀听音乐的稻子

◀环境幽雅

根据植物学家的研究发现，不仅动物喜欢音乐，植物也对音乐颇感兴趣。植物不光“听”得到琴声，而且还会欣赏乐曲。科学家做了这样一个有趣的实验，他们把一只耳机套在一只未成熟的番茄边上，每天让它欣赏 3 小时音乐。这只番茄听了音乐之后长得特别快。科学家又设法让土豆听音乐，结果土豆长到足球那么大。让蘑菇听音乐，蘑菇也长势喜人！一位印度科学家在大约 700 平方米的稻田里每天播送 25 分钟音乐，一个月后，听过音乐的水稻要比没有听过音乐的长得更加茂盛茁壮，平均株高超过 30 厘米。有人还给黑藻和含羞草每天早晨听 25 分钟音乐，黑藻和含羞草的生长速度都明显加快。

植物也会“气喘吁吁”

国内外学者研究发现，污染物不仅能造成植物外部形态的可见伤害，如叶片伤斑、果实变小、植株生长减缓甚至死亡等，而且对植物叶片内部细胞的生理生化活动也会造成一系列看不见的影响，如光合能力下降、叶绿素含量减少、细胞膜透性增大、酶的活性改变等。特别有趣的是，多数植物在受到空气污染时，也会表现出呼吸强度增大的“气喘吁吁”现象。

能预报天气的植物

▶花团锦簇

近年来人们发现，不仅许多动物有洞察天地的本领，而且一些植物也有这种“奇术”。

在植物王国里，有些成员竟能像气象台那样预报天气。

在我国云南的西双版纳生长着一种奇妙的花，因为喜欢在风雨交加的时候昂首怒放，于是，人们形象地称它为“风雨花”。

当暴风雨将要来临时，外界的大气压降低，天气闷热，植物的蒸腾作用增大，使风雨花贮藏养料的鳞茎产生大量促进开花的激素，促使它开放出许多的花朵。

人们根据它的这一特性，可预先知道天气的变化。

植物也会发出呼救信号

英国学者罗德和日本专家岩尾宪三为了更彻底地了解植物“语言”的奥秘，特意制造出一种别出心裁的“植物活性翻译机”。这种机器只要连接放大器和合成器，人就能直接听到植物发出的形形色色的声音。当处在黑暗中的植物突然受到强光照射时，就会发出表示“惊讶”的声音；当植物遇到变天或缺水时即发出低沉、可怕、混乱而又“痛苦”的声音。原先叫声难听的植物经受阳光的照射或雨水浇灌后，声音就变得轻松多了。植物活性翻译机不仅可用于测量植物对环境污染的反应和诊断植物本身的疾病，而且还可用做人类与植物“对话”的工具。

能预报天气的南瓜

▶闷闷不乐的南瓜

南瓜大家都不陌生，你若留心观察便会发现一个有趣的现象：通常南瓜的藤头是向上翘的，如果早晨看到藤头普遍向下、垂头丧气、闷闷不乐的样子，就预示着阴雨天即将来临了。

如果在久雨后发现藤头普遍上翘，就预示着将要雨过天晴。

南瓜藤头的这种变化是由于气压和湿度的变化而引起的，当低气压转变为高气压时，南瓜藤的头普遍向上，反之则无精打采。

为什么松柏不落叶？

迎客松

春华秋实、花开花落、月圆月缺，这些都是大自然的普遍规律。

但是，就有些植物不遵守大自然制定的法则，像松树和柏树到了秋天也不落叶。这是因为到了秋天，气候变得寒冷干燥，土壤里的水分少了，植物的根吸收水的能力也差了，所以进入秋天以后，各种树木都会落叶。

因为叶子的表面有很多气孔，会蒸发掉大量的水分。落叶后，可以减少水分的消耗。

但松树和柏树中的大多数却不落叶，这是因为它们的叶子本来就很细小，像一根根针似的，消耗不了太多水分，因此用不着落叶。

傲霜斗雪

松柏的精神文化

松柏原是寒带和高山生长的树木，由于长期在寒冷的环境中生活，形成了独特的御寒构造。

它们苍劲挺拔、蟠虬古拙的形态，抗旱耐寒、四季常绿的生物特性，常被人们作为保持本真、坚强不屈、永葆青春意志和体魄的象征。

孔子有“岁寒，然后知松柏之后凋也”的著名格言，陈毅有“大雪压青松，青松挺且直”的著名诗句。

松柏作为正义神圣的象征，成为中国园林文化精神中永恒的审美意象。

为什么树叶在秋天会改变颜色？

层林尽染

金秋时节，北京的香山、南京的栖霞山都会吸引大批游客前去观赏红叶，凉爽的长街上金色的银杏叶或是在阳光中熠熠闪光，或是浪漫地坠落一地……很多植物在这个季节里叶片都会改变颜色，这是为什么呢？

叶子之所以绿，是因为叶片中含有叶绿素，可是，叶子里除了含有叶绿素外，还含有能使叶子变黄的叶黄素、能使叶子变红的花青素等等。

天气温暖时，叶子的光合作用活跃，叶绿素的含量较高，把叶子中的其他色素遮住了，叶子就显露出了浓浓的绿色。

到了秋天，天气渐凉，叶绿素遭到破坏，叶片中的其他色素开始崭露头角，叶子就由绿而慢慢改变颜色了。

浓密的树叶

什么是叶绿素和叶黄素？

叶绿素是存在于叶绿体中的一种极为重要的绿色色素，它主要存在于植物的叶片和茎中，在植物进行光合作用时，它起着吸收和传递光能的作用。现在，人类已经能够成功地人工合成叶绿素了。

叶黄素又名“植物黄体素”，是一种广泛存在于蔬菜、花卉、水果与某些藻类生物中的天然色素。叶黄素属于“类胡萝卜素”族物质，是构成玉米、蔬菜、水果、花卉等植物色素的主要成分。

树干为什么都是圆的?

你注意到了吗，在我们的周围，树木种类繁多，它们的树冠、树叶、果实的形状千变万化，但有一点是共同的，那就是：几乎所有树木的树干都是圆形的。

这是树木对自然环境适应的结果。与其他形状相比，圆形具有最大的表面积，因此可以从环境中最大限度地汲取各种养分。

而且，圆柱形具有最大的支撑力，高大而沉重的树冠全靠一根主干支撑，特别是硕果累累的果树，必须要有强有力的树干支撑，才能维持生存。

◀树干开花

另外，在受到狂风吹打时，风卷着尘沙杂物很容易沿着圆面的切线方向掠过，可以将树木所受到的伤害减少到最小。

◀高大粗壮的树木

植物的树干有直有弯

植物有朝向阳光生长的倾向，这叫做植物的“向阳性”。充足的阳光，是植物向上成长的一大诱力，因此，植物会朝向日照充足的方向，不断地往上直长。另一方面，由于植物的叶子为了要获得更足量的阳光，以便制造更多的养分，所以枝叶容易向四周弯曲生长，好扩充对阳光的吸收面积。这也是植物生态的一种习性。

在树干上开花结果的树

在茂密的热带雨林里，受植株高大的树木的影响，有些植物很难接受到充足的阳光，于是它们就形成了在树干上开花结果的习性。菠萝蜜是桑科的绿乔木，它常年开花结果。它的雄花很小，生长在小枝的末端，雌花较大，聚开在树干上。当雌花凋谢以后，许多雌花结的果实聚集在一起，形成了巨大的果实。当人们第一次看到一个个硕大无比的菠萝蜜果悬吊在树干上时，无不惊异。

▼圆圆的树干

为什么树木总是东边的先发芽?

春回大地，万物复苏，小草钻出泥土，树木发出新芽。

我们都知道，阳光是绿色植物生长最必需的条件，因为有了阳光植物才可以进行光合作用，才能制造养分。

与阳光同样重要而且有密切关系的是温度。树木发芽生长需要合适的温度，天气越暖，温度越高，树叶发芽越快；温度越低，树木发芽越慢。有阳光照耀的地方，温度自然比较高。

▶非洲巨树

太阳是从东边升起的，每天，树木的东边总比西边受到阳光照射早而且多，所以树木总是东边的先发芽。

树中之最

1.世界上最大的树：它是美国加利福尼亚的一棵巨杉。高达 100 米；在离地面 1.5 米高处的树干周长为 34.1 米。

2.世界上最高的树：它是北美红杉。较早于 1964 年测量为 112 米，名字叫谢尔曼将军树。

3.世界上最小的树：是北方柳树(又称草树)，只有 2 厘米高。

4.世界上最古老的树：是日本柳杉，可以追溯到公元前 5200 年，柳杉已经有 7200 多岁了。

5.世界最粗的树：是意大利埃特附近的，名叫百马树，树躯干的周长达 62 米。

▶榆钱

榆钱

“榆钱”又名榆荚，是生长在榆树上的一种“果实”。李时珍曾在《本草纲目》中写道：“榆未生叶时，枝条间生榆荚，形状似钱而小，色白成串，俗呼榆钱。”旧社会，民间有“一树‘榆钱’半月粮”之说，是说在青黄不接的三月，一棵树上的“榆钱”可抵半个月的粮食，供一家人度过饥荒。

有“活化石”之称的银杏树

在很多人的印象里，化石是没有生命的，可是，你知道吗，在生物界还存在着活的化石，银杏树就是这样一种“活化石”。

银杏是一种很古老的裸子植物。远在2.7亿年前石炭纪末期，银杏就已开始生发，到侏罗纪时已处于极盛时期，遍布全球。

▲一枝独秀

到了白垩纪，地球上的气候发生剧变，适应性更强的被子植物出现，银杏就趋向衰退了。

到了第四纪，银杏在欧洲、北美洲全部绝了迹，亚洲大陆也濒于绝种。但它却在浙江省天目山深谷残存下来，一直活到今天，因而被人们称做是“活化石”。现在，它已被广泛地种植在我国的很多地区。

在我国，著名的活化石植物还有水杉、银杉、水松、台湾杉、金钱松等。它们都有悠久的历史，是植物界的“明星”，地球上的孑遗生物。

银杏的生态效益及观赏价值

银杏属于果树。它不仅可以提供大量的优质木材、叶子和种子，同时还可以净化空气、涵养水源、防风固沙、保持水土、改善农田小气候，是良好的造林、绿化及观赏树种。

▲景色奇异

银杏木材优质，价格昂贵，素有“银香木”或“银木”之称。银杏木材质具光纹理直、结构细、易加工、不翘裂、耐腐性强等特点，并有特殊的药香味，抗蛀性强。银杏还具有良好的观赏价值，银杏盆景是一种既有观赏价值又有保健功能的新型盆景，银杏夏天一片葱绿，秋天金黄可掬，给人以俊俏雄奇、华贵典雅之感。

裸子植物和被子植物

裸子植物是指种子外面没有种皮包裹着，种子裸露的植物；被子植物则指具有真正的花，种子被包围在密闭的果皮之中的植物种类，这样胚株可得到更好的保护，避免了昆虫的咬食和水分的丧失，从而具有了更强的生存能力。

◀一片林海

森林有“地球之肺”之称

▶森林

我国是一个森林资源贫乏的国家。森林给予人类的是清洁的生存环境，是绿色宝库。

森林通过绿色植物的光合作用，不但能转化太阳能而形成各种各样的有机物（森林每年提供28.3亿吨有机物，占陆地植物生产有机物总产量53亿吨的53.4%），而且靠光合作用吸收大量的二氧化碳和放出氧气，维系了大气中二氧化碳和氧气的平衡，净化了环境，使人类不断地获得新鲜空气。因此，生物学家曾说，“森林是地球之肺”。森林与人类的发展、与自然界的生态平衡息息相关。

▶岩洞塌陷

地下为什么会有森林？

“通天箩”位于广东省韶关市乳源瑶族自治县西北50千米的大坪乡新谷村。“通天箩”原是地下水浸蚀形成的溶洞。后来洞顶崩塌，形成岩溶塌陷。漫漫的岁月，洞底积累了养分丰富的泥土。

随着地表变动、刮风、下雨、鸟兽活动，植物种子进入洞内，于是生根发芽，开花结果，繁衍后代。

加上洞口宽阔，阳光、水分较为充足，空气频频对流，树木长得枝繁叶茂，成为独特的地下植物乐园。

像“通天箩”这样高度封闭式的“阱底森林”在世界上很罕见，成为现代生物学家研究原始生态的宝库。

植物也发烧

植物体温的变化是同外界的条件息息相关的。白天，植物的叶温主要是靠蒸腾作用来调节的。当土壤里含水分不足的时候，叶子得不到充足的水分，在阳光下叶片因失水过多而不得不关闭气孔，蒸腾作用就减弱了，叶温就升高。树木生病后，树根吸收水分的能力就会下降。所以说，植物也会发烧。

为什么会插柳成荫？

俗话说："有心栽花花不开，无心插柳柳成荫。"柳树具有顽强的生命力，绿柳成荫随处可见。

原来，在柳枝的形成层和髓芒之间，有很多具有很强分裂能力的细胞群，这些细胞群能够迅速分裂繁殖，形成根的原始体。

当柳枝插到土壤里以后，如果温度、湿度和遮光条件都适宜的话，根的原始体就会逐渐发育，并形成新根。

正因为柳树具有这么强的生命力，入土后就能很快独立生存，再加上柳树不择水土，生长又快，所以才会有"插柳成荫"之说。

柳树文化

柳树的"柳"字与留下的"留"谐音，因此人们常用柳树来象征不忍离别、盛情挽留，有时还折下柳枝，以示挽留。

柳树历来受到文人墨客的青睐，成为他们笔下的宠儿，王维的《阳关三叠》更是流传千古的送别名曲。

南朝乐府民歌有"上马不促鞭，反折杨柳枝，碟座吹长笛，愁杀行客儿。"据至迟在曹魏时已经成书的《三辅黄图》记载："灞桥在长安东，跨水作桥。汉人送客此桥，折柳赠别，故又名销魂桥。"到了唐朝，折柳送别更是盛行。

柳，婀娜多姿，翠烟如织，装点着大地，营造出许多引人入胜的风景名胜。"四面荷花三面柳"的泉城济南，大明湖水中荷花盛开，岸上翠柳依依，荷红柳绿，风光迷人。"人间天堂"西湖十景之一的"柳浪闻莺"，在那看不尽的浓荫深处，时而传来呖呖莺啼，清脆悦耳。

你能说出哪些关于柳树的古诗？

关于柳树的古诗有：贺知章的《咏柳》：

"碧玉妆成一树高，万条垂下绿丝绦。不知细叶谁裁出，二月春风似剪刀。"

王维的《送元二使安西》：

"渭城朝雨邑轻尘，客舍青青柳色新。劝君更尽一杯酒，西出阳关无故人。"

王之涣的《凉州词》：

"黄河远上白云间，一片孤城万仞山。羌笛何须怨杨柳，春风不度玉门关。"

万紫千红的花

▶万紫千红的花

鲜花烂漫的季节里，雪白的梨花、粉红的桃花、金黄的油菜花、火红的杜鹃……竞相怒放，令人目不暇接，心旷神怡。花儿这么艳丽多彩，呈现出万紫千红的景象的秘密就在花瓣的细胞里存在着的各种不同的色素。如果花是红的、紫的或蓝的，那是因为花里含有一种“花青素”色素的缘故。由于这种色素对温度、酸碱度很敏感，只要周围环境变化，它就发生变化。

“花青素”遇到碱性物质就呈现蓝色，遇到酸性物质就变成红色。

◀独特的黑花

如果花是黄的、浅黄的、橙黄的或橙红的，那是因为花里含有“类胡萝卜素”的缘故，它的种类很多，有六十多种，“类胡萝卜素”和其他色素配合，可以形成更多颜色。

会喷烟雾的花

我国广西桂北山区有一种罕见的花卉植物，当地人称“魔术花”。每到春季，它长出形似花的小花苞，4~5 月间，每棵树约六七百朵花相继开放。最为奇特的是，自开放到花谢阶段会有规律地喷射出一个个白色的、直径约 3 厘米的粉球，形如烟雾，喷到 20 厘米后消散。而后，花朵由红变为晶莹透明的水晶花。这种奇观每年一般可持续 40 天之久，直到花朵完全凋谢为止。

自然界里稀少的黑花

这与太阳有关。大家知道，太阳光是由七种色光组成的，光波长短不同，所含的热量也不同。而花的组织，特别是花瓣，一般都比较柔嫩，容易被高温烧伤。自然界中红花、黄花、橙花之所以比较多，是因为它们能够反射阳光中含热量较多的红光、黄光和橙光，不致被灼伤，有自我保护的作用。而黑色的花却能吸收全部的光，容易受到伤害。经过长期的自然淘汰，黑色花便只剩下屈指可数的几种了。

为什么有的花在晚上开放？

植物园里，百花竞相开放、争奇斗艳，牡丹高贵、芍药娇艳、百合文静……但是有的花却非常奇怪，白天紧紧地闭合，只有到了晚上才展开它美丽的花朵，这是因为很多植物都是依靠昆虫传送花粉，进而结果来进行繁殖的。

它们在进化过程中，都尽量使自己适于昆虫的活动。

一些依靠白天活动的昆虫来传播花粉的植物，使自己的花在白天开放，而另一些依靠夜间活动的蛾类来传播花粉的植物，它的花在夜间开放。

像夜来香，它就是在晚上用香气来吸引昆虫造访，传送花粉。

◀黑夜开放的昙花

昙花在夜里开放

昙花世世代代生长在沙漠中，那里白天气温很高，非常炎热，而晚上却要凉快得多，所以昙花选择晚上开花。昙花的全身上下一片绿色，光溜溜的看不到一片叶子，只有又宽又扁的茎干。它的茎非常有趣，在干旱缺水的时候会变得像纸一样薄，而喝饱了水后，一下子又变得很肥厚。在茎的外面还包着一层薄薄的蜡，专门保护里面的水分，不让它们蒸发得太快。

无花果真的不开花吗？

不！无花果是开花的，只是它的花长得很独特，需要仔细观察，才能看得见。无花果的花在总轴上，这个总花轴的顶端向下凹进去，并且长成一个肥厚的肉质空心圆球，球顶还有一个没有封死的小孔。如果用刀把圆球切开，在空腔周缘的上端可以看到许多小雄花，下端有小雌花。无花果靠昆虫传粉，在开花的季节，有一种虫子从小孔钻进去帮助它传粉。人们看不见，就误以为无花果是不开花的。

▼无花果树

雪莲花为何能在“世界屋脊”上开放？

▶怒放的雪莲花

▶顽强地生长在高山上

▶石缝间的雪莲

世界屋脊——青藏高原，由于海拔极高，所以不适宜植物生长。

可是，就在这个地方，却可以看到紫红色的雪莲花怒放！

雪莲的个子矮矮的，紧贴在地面上，这样可以顽强地躲过高山上特有的狂风的摧残；雪莲的根既柔韧又长，深深地扎进石缝间的土壤中，尽可能地多吸收一些水分和养分；雪莲身上还有一件白色“棉衣”，那厚厚的绒毛从花茎到叶把雪莲包裹起来，这白色绒毛不仅能反射掉一些高山上的强烈日光，防止被灼伤，又能起到很好的御寒保湿作用，把雪莲很好地保护起来。

高山美人——雪莲

雪莲以其美好的名字和顽强的性格给人们留下了深刻的印象。它们生长在海拔 5000 米左右近雪线的高山碎石坡上。雪莲的茎、叶上密密生长着白色绵毛，好似翻毛皮袄。既可以防风保温，又可以反射高山阳光的强烈辐射，是适应高山风大、温度低、光线强、天气变化快等特殊气候的典型植物。

雪莲是菊科草本植物，主要生长于天山南北坡、阿尔泰山及昆仑山雪线附近的高旱冰碛地带的悬崖峭壁上。雪莲种类繁多，如水母雪莲、毛头雪莲、绵头雪莲、西藏雪莲等。

在医药上，雪莲已有数百年的应用历史，全草均可入药，有祛寒、壮阳、补血和暖宫的功效，主治妇科疾病、风湿性关节炎及肾虚、腰痛等症。

牵牛花为什么要向上爬?

▲可爱的牵牛花

牵牛花的茎细细软软的，还有很多柔软的“触手”，它们总爱吹着可爱的小喇叭，攀着其他植物，使劲儿地向上爬呀、爬呀……

这是因为大部分植物都喜欢长得高高的，这样才能获得更多的阳光和空气，使自己生长发育得更好。

但是，植物要这么高，茎干就要非常粗，要消耗大量的养料。

牵牛花的茎又软又细，不需要消耗很多养料，但却需要借助别的物体才能向上生长。

它的茎外侧长得快，内侧长得慢，茎尖前面的小短茎能攀附在其他高大物体上，一遇到其他的物体它就能缠绕往上爬行了。

有趣的攀援植物

植物学家将能够缠绕或者攀附其他物体向上生长的植物，统称为“攀援植物”。

但是，它们向上爬的时候，却是各有高招呢！紫藤、牵牛花的茎有缠绕性，葡萄的茎上有卷须，常春藤的卷须先端有吸盘，凌霄的茎上有攀援小气根，蔷薇的茎上有钩状刺。

牵牛花是怎样爬竿的?

科学家研究发现：植物体内有一种生长素，它有时能加速细胞生长，但在浓度高的时候反而会抑制细胞生长。

因此，牵牛花依靠体内生长素分布的多少，就可以使茎的生长速度不一致。有时左边比右边生长快，有时右边比左边生长快。于是开始了旋转生长，缠绕、攀附、爬竿的能力也就产生了。

除了牵牛花以外，还有许多植物也有爬竿的本领，如南瓜、丝瓜、黄瓜、豇豆、常春藤、葡萄等，它们都是攀援植物。

夏天中午为什么不宜给花浇水？

娇嫩的花

夏季，各种树木花草都蓬勃地生长着，需要的营养物质和水分也最多。但是不宜在中午的时候给它浇水，这是因为夏季天气十分炎热，尤其是中午，气温更高，这时，土壤温度也逐渐升高。

由于水的比热大，是空气的4倍多，加上水在吸收和散发热量时温度变化较小，所以水温总是比气温低。

如果在炎热的中午给花浇冷水，本来温度高的土壤会骤然降温，而这时外界气温仍相当高，在这种温度变化十分急剧的情况下，娇嫩的花会因吃不消这种强烈刺激而生病或死亡。

花木浇水四原则

给花浇水

浇水是花木管理的重要环节，也是花木种植成败的关键，科学浇水十分重要。因此，在给花木浇水时要遵循以下四点原则：1.适时浇水（根据花木的类型及缺水情况来定）；2.适量浇水（浇水量的多少因花木的产地、喜水特性及季节不同而异）；3.用适当的方式方法浇水（浇水的方法很多，有喷灌、漫灌、浇灌等）；4.浇合适的水（给花木浇水以浇软水为好，湖水、河水、池塘水多为软水）。

一些国家的国花

俄罗斯国花：向日葵；意大利国花：雏菊；荷兰国花：郁金香；澳大利亚国花：金合欢；韩国国花：木槿花；美国国花：玫瑰；墨西哥国花：仙人掌；坦桑尼亚国花：丁香花；西班牙国花：石榴；希腊国花：橄榄花；新加坡国花：万代兰；智利国花：百合花；阿根廷国花：木棉；埃塞俄比亚国花：马蹄莲；比利时国花：虞美人。

百合花是智利的国花

向日葵跟着太阳转

▶太阳般金色的向日葵

我们常把有着太阳般金黄色彩的向日葵叫做“太阳花”，因为它硕大的葵花盘一整天都是在随着太阳位置的变化而转动。

这是因为植物身上都有一种叫做生长素的物质，它能使植物长得又高又大，但就是怕阳光，所以，向日葵颈部的生长素一见阳光，就跑到背光的侧面去躲避起来。可是，背光的这一面的生长素就越来越多，它们便促使这一面长得特别快，而向阳的一面却长得慢些，于是植物就向有光的一边弯曲。

在植物学上，这叫做植物的“向光性”或“趋光性”。随着太阳在空中的移动，植物生长素也像“捉迷藏”一样，不断地背着阳光移动。

因此，我们常常看到向日葵花盘始终对着太阳，每天从东转到西，周而复始。

向日葵生长发育与环境条件的关系

1.温度：向日葵原产热带，但对温度的适应性较强，是一种喜温又耐寒的作物。

2.水分：向日葵植株高大，叶多而密，是耗水较多的作物。它的吸水量是玉米的 1.74 倍。但因其生长发育多与当地雨水同步，水分供求矛盾不突出。向日葵不同生长阶段对水分的要求差异很大。

3.光照：向日葵为短日照作物。但它对日照的反应并不十分敏感。

4.土壤：向日葵对土壤要求不严格，在各类土壤上均能生长，从肥沃土壤到旱地、瘠薄、盐碱地均可种植。有较强的耐盐碱能力。

“热烈”的向日葵

向日葵原产于北美洲，因其美丽的花序能随太阳的方向转动而得名，加之其金色的花瓣，浓烈艳丽，深受人们的喜爱。

也有的国家因此而将其选定为国花，
它们是秘鲁、玻利维亚、俄罗斯。

甘蔗一头甜

▶浑身是宝的甘蔗

植物都有这样的特征：制造出来的养料，除了供自身成长的消耗外，多余的就贮藏起来，贮藏的地方大多是根部。

甘蔗也一样，它生产出来养料，除供自身成长的消耗外，有一部分就变成糖积贮在根部。

由于甘蔗本身制造的养料多半是糖，所以积贮的糖分更浓。

靠近甘蔗叶子的部分由于蒸发的需要，需要保持充足的水分，而越到根部水分也就越少，水越少，糖的含量越高，当然就越甜了。

“补血良果”——甘蔗

甘蔗是人们喜爱的冬令水果之一，其含糖量十分丰富，约为 18%~20%。值得一提的是，甘蔗的糖分是由蔗糖、果糖、葡萄糖三种成分构成的，极易被人体吸收利用。甘蔗还含有多量的铁、钙、磷、锰、锌等人体必需的微量元素，其中铁的含量特别多，每公斤达 9 毫克，居水果之首，故甘蔗素有“补血果”的美称。

甘蔗还是口腔的“清洁工”，甘蔗纤维多，在反复咀嚼时就像用牙刷刷牙一样，把残留在口腔及牙缝中的垢物一扫而净，从而能提高牙齿的自洁和抗龋能力。

浑身是宝的甘蔗

甘蔗是人类用以制糖的最主要的原料之一，同时，制糖的副产品糖蜜还可以用来酿酒、制造酒精、提取乳酸和蜡，另外，蔗渣还是生产隔音板、纸浆等的重要原料，甘蔗的叶子也可作饲料。

▲一望无际的甘蔗

西瓜会忌地

◀甜甜的大西瓜

西瓜，又名寒瓜，是所有水果中果汁含量最丰富的，号称“夏季瓜果之王”。

西瓜忌地，一块地种了一年西瓜，就要隔四五年，甚至七八年再种。如果连续种的话，产量会一年不如一年。

这是因为，西瓜常常会得一种叫做枯萎病的病，这种病的病菌能够附着在西瓜的种子上，更能在土壤中繁殖。第一年种西瓜的时候，田里的这种病菌并不多，但如果一连种上几年，病菌就会越来越多，使西瓜减产，甚至全部死去。为了帮西瓜避开这些躲藏在泥土里的敌人，人们必须年年帮西瓜“搬搬家”。

西瓜好吃有禁忌

西瓜虽然好吃，但不宜吃得过多。这是因为，从中医角度讲，西瓜是生冷之品，吃多了易伤脾胃，所以，脾胃虚寒、消化不良、大便泄泻者少食为宜，多食则会引起腹胀、腹泻、食欲下降，还会积寒助湿，导致疾病。

一次吃得过多，西瓜中的大量水分会冲淡胃液，引起消化不良和胃肠道抵抗力下降。

◀夏季瓜果——西瓜

怎样挑选西瓜

西瓜的品质优劣不但取决于品种，更重要的是成熟度。选购优质西瓜主要通过看、摸、掂、听来鉴别。

看：皮瓜类，要纹路清楚，深淡分明；黑皮瓜类，要皮色乌黑，带有光泽。无论何种瓜，瓜蒂、瓜脐部位向里凹入，藤柄向下贴近瓜皮，近蒂部粗壮青绿，是成熟的标志。

摸：用拇指摸瓜皮，感觉瓜皮滑而硬则为好瓜，瓜皮黏或发软为次瓜。

掂：成熟度越高的西瓜，其份量就越轻。一般同样大小的西瓜，以轻者为好，过重者则是生瓜。

听：将西瓜托在手中，用手指轻轻弹拍，发出“咚、咚”的清脆声，托瓜的手感觉有些颤动，是熟瓜；发出“噗、噗”声，是过熟的瓜；发出“嗒、嗒”声的是生瓜。

有“地下苹果”之称的马铃薯

▶地下苹果——马铃薯

马铃薯是新世纪我国最有发展前景的高产经济作物之一，同时也是十大热门营养健康食品之一。

马铃薯营养丰富，素有“地下苹果”、“第二面包”之称。

它所含的营养成分几乎和苹果相同。但它却比苹果更有营养，同等重量的马铃薯的营养价值是苹果的 3.5 倍。

马铃薯富含糖类，含有较多的蛋白质和少量脂肪，也含有粗纤维、钙、铁、磷，还含有维生素 C、维生素 B1、维生素 B2 以及分解产生维生素 A 的胡萝卜素，营养非常全面，因此对多种疾病都有预防和治疗的功效，还是婴儿断奶时首选的好食品。

当心马铃薯中毒！

表皮发青、发紫或发芽的马铃薯内都含有毒素。

已发芽的芽肉和表皮内含有可引起中毒的龙葵素。

龙葵素可破坏红细胞，对人的黏膜有强烈刺激，会使中毒者咽喉发痒，有烧灼感，伴有恶心、呕吐、腹泻、瞳孔散大等症状，严重者还会呼吸困难，甚至神志不清。

油炸薯条也有同样丰富的营养吗？

马铃薯是一种含淀粉量很高的食品，淀粉在高温（>120℃）烹调下容易产生一种叫丙烯酰胺的致癌物。

而且，马铃薯中所富含的蛋白质、维生素等营养物质在高温条件下也会变质甚至丧失。

因此，我们应该控制食用这类油炸食品。

为什么有的柑橘皮发黑？

我们通常所看到的柑橘皮的颜色是黄色或红色的，但有时也会看到一些柑橘的皮发黑或紫褐色。

这是一种细小的昆虫在作怪。这种细小的昆虫名叫锈壁虱。

锈壁虱的身体很小，肉眼根本看不到。但它的发育和繁殖很快，一个夏季能产生 10 代以上。它主要靠植物上的芳香油来维持生活。

柑橘皮上有丰富的芳香油，锈壁虱刺破柑橘皮上的油胞，芳香油就流了出来供它食用。

这些芳香油一旦和空气接触就会发生氧化，而且在干燥后会形成一种黑色薄膜，于是果皮就会变粗、变硬、发黑。

佳果良药——柑橘

柑橘在植物学中泛指芸香科柑橘属类，它包括橙子、柚子、柠檬、广柑、蜜橘等。我国是柑橘的故乡，已有 4000 多年的栽培史，其品种繁多。 柑橘具有顺气、止咳、健胃、化痰、消肿、止痛、疏肝理气等多种功效，是很好的中药材。

历史上还流传着一段橘叶治病的佳话。传说 2000 年前西汉文帝时，有一年，流行一种疫病，苏耽告其母：“庭中井水，檐边橘树，井水一升，橘叶一枝，可疗一人。”他母亲照他所说的办法治愈了不少病人。烂

橘子上的斑点

烂橘子上的蓝色或绿色斑点，是酶菌在作怪。

酶菌的种类很多，在烂橘子上的是青菌和绿菌。

如果人们不留神把橘皮擦伤，空气中飘荡的小的连肉眼都看不见的酶菌孢子就会乘虚而入，在破伤处发芽滋生。

粉粒状的孢子渐渐长大，变成又细又长的菌丝。菌丝吸收橘子里的养分，使橘子腐烂。

韭菜割了还能生长

“野火烧不尽，春风吹又生”是形容小草有顽强的生命力，而韭菜也能与小草媲美，割了还能生长。

韭菜是一种多年生草本植物，它在地下长着不太明显的鳞茎，鳞茎里贮藏着许多营养物质。就是依靠这些营养物质，韭菜可以生长多年而不死亡。韭菜还有一个特点，叶子长得特别快，当把它的叶子割了之后，新的叶子很快就会长出来。

韭菜种下三四年后，就会衰老，必须将老株挖掉，重新栽植，否则它的叶子就不会长得很旺盛，产量就降低了。

韭菜的价值

韭菜是我国特有的蔬菜之一，已有 3000 多年的历史。韭菜中含有蛋白质、脂肪、糖类、维生素 C 和较多的胡萝卜素、核黄素等。韭菜不仅味道鲜美，四季可食，有“蔬菜之荤”的美称。而且叶、根、种子均可作为药用，有很高的药用价值。例如，韭菜含有较多的粗纤维，对促进肠壁蠕动、防止大便干燥、预防肠癌，均有好处。韭菜叶补虚、解毒的作用明显。

韭菜的营养

韭菜，别名韭，是原产我国的古老蔬菜。早在汉朝，我国就开始利用温室种植韭菜，北宋时期开始生产韭黄。

韭菜是多年生草本植物，栽种一次可连续多次采收。

韭菜食用部分为叶片。韭菜内含有较多的营养物质，尤其是纤维素、胡萝卜素、维生素 C 等含量都较高。

韭菜的功效还真不小呢！可增进食欲，还有散瘀、活血、解毒等功效。

▼生长旺盛的韭菜

雨后春笋长得特别快

有个成语叫“雨后春笋”，这是形容某种新事物的大量涌现和蓬勃发展。因为，一场春雨过后，几天工夫竹笋就长成了高高的竹子。

竹子是多年生草本植物，它的地下茎既能贮藏和输送养分，又有很强的繁殖能力。

这些茎上的芽，在出土之前已贮足了各种生长必需的养分，到了春天天气转暖时，就会向上破土而出，外面包着笋壳，我们就叫它“春笋”。

但在这个时候常常因土壤还比较干燥，水分不够，所以春笋还长得不快，有的芽还暂时停在土里。

一旦遇雨，水分充足了，春笋就会破土而出，迅速成长。

竹笋味无穷

竹笋，属山珍海味的下八珍之一，素有“素食之王”的美称，自古以来就是餐桌上的美味佳肴。

笋，是竹子的萌芽，有竹的地方必有笋。幼年是笋，长大后就是竹。笋有春笋、冬笋之分。

竹笋入菜，既可为主角，也可为配角。既是大众食品，又是大家闺秀。在菜谱里扮演着“嫩玉”的角色。笋和肉配在一起红烧，彼此难分主次；笋可以与鸡、鸭、鱼、肉配菜，也可与其他蔬菜为伍。

藤萝会把树缠死

藤萝也叫“紫藤”、“朱藤”，碧绿的藤蔓顺着高大的树木攀援而上，它们看似相处和谐，但是，原本生长茂盛的大树往往会被藤萝缠绕而死。

这是因为藤萝生长得非常迅速，它只要攀缠在树上，用不了多久，就会把树干紧紧地缠绕起来。

随着树干不断长粗，藤蔓就会越缠越紧，树干输送养分的路就会被勒得不通了。

另外，由于藤蔓的叶子繁茂，遮住了部分阳光，从而影响了树木进行正常的光合作用。

慢慢地，树木由于不能顺利地吸取各种养分，就会因营养匮乏而逐渐死去。

捕蝇草神奇的本领

捕蝇草没有眼睛和耳朵，但有“记忆”和判断的高超本领，能辨别真假猎物。如果人们用小树枝去触动它的刚毛，它会分辨出这不是小动物，表现得无动于衷。可是当小动物触动了它的刚毛，它就会迅速地将叶片闭合。而且，猎物越挣扎，它闭合得越紧密。人们对它不平凡的外貌和神奇的捕虫本领非常欣赏。

藤萝的原产地

藤萝的原产地在中国山东、河南、河北、山西等省，属于落叶藤本植物。

生命力强盛，生性也非常强健，天性喜阳略耐阴，较耐寒，甚至在北方都可以露地栽植，适宜在湿润、肥沃、排水良好的土壤中种植，具一定耐瘠薄和水湿的能力，对土壤酸碱度适应范围较宽。

马拉松比赛

空旷的赛场

马拉松是希腊的一个地名。公元前490年，雅典军队与波斯大军在马拉松平原展开战斗。雅典军队团结一心，打败了波斯侵略军。传令兵菲迪皮得斯奉命将这一消息告诉雅典居民，他顾不得路途遥远，从马拉松跑到雅典（全程40千米）。到达雅典时他已累得精疲力竭，只说了一句“我们胜利了”，就倒在广场上，闭上了双眼。为了纪念历史上这一事迹，1896年在希腊雅典举行的近代第一届奥林匹克运动会中，就用这个距离作为一个竞赛项目，定名为马拉松赛跑。

马拉松的距离是多少？

第1届奥运会马拉松比赛的距离，是当时菲迪皮得斯所跑过的路线，全程为40千米。第2届奥运会马拉松比赛赛程为40.260千米，第3届为40千米，第4届为42.195千米。这是因为，在1908年第4届伦敦奥运会召开时，英国王室人员要观看马拉松比赛，把起点设在温莎宫前，从那里到运动场的距离为42.195千米。从1924年第8届奥运会起，国际业余田径联合会就把这个距离正式规定为马拉松比赛的标准距离。

奥林匹克的发源地——雅典

古希腊的首都雅典是用智慧女神雅典娜的名字命名的一座历史古城。相传古希腊时候，智慧女神雅典娜与海神波赛顿为争夺雅典的保护神地位而相持不下。后来，海神赐给人类一匹象征战争的壮马，而智慧女神雅典娜献给人类一棵枝叶繁茂、果实累累、象征和平的油橄榄树。人们渴望和平，不要战争，结果雅典娜成为了这座城的保护神，雅典也因此而得名。

古希腊人把体育竞赛看做是祭祀奥林匹斯山众神的一种节日活动。公元前776年，在距离雅典约300千米的伯罗奔尼撒半岛西部的奥林匹亚村举行了人类历史上最早的运动会，以后每四年举行一次。

奥运火炬的起源

▲阿拉木图奥运火炬传递

长久以来，奥运圣火一直是奥林匹克运动的重要象征，奥运火炬传递也是每一届奥运会中最引人注目和令人期待的一项活动。

奥林匹克火炬起源于希腊神话中普罗米修斯为人类上天盗取火种的故事。在雅典，人们举行赛跑向普罗米修斯表达敬意。

这些赛跑是为了纪念普罗米修斯盗取火种的壮举，因为他在向人间传递火种的同时，也将智慧和知识传播给了人类。

为了纪念这位神话中的英雄，古代奥运会采取点燃圣火的仪式，便诞生了奥运火炬。

现代奥运火炬传递是一个非比赛项目，形式与古希腊的火炬传递相同，它已经转变成为庆祝奥运会开幕的一项重要活动。

点燃火炬的仪式

古希腊人在举办第一届古代奥运会时，就采用了点火炬的仪式。开会之前，希腊武士们举着火炬跑到各个部落，转告将战争停下来的消息，并从各部落中选取出优秀的武士来参加奥运会。

1928 年，国际奥委会做出规定，今后每届奥运会都要在主会场上点燃象征着光明、团结和友谊的火炬。火炬在希腊的奥林匹亚点燃，然后以接力跑的形式把火炬传递到奥运主会场。

奥林匹克运动悠久的历史

在人类历史发展的长河中，除了宗教这一古老的社会文化现象外，奥林匹克运动可以称得上是一个历史最为悠久的社会文化现象。奥林匹克运动的起源从有文字记载的历史可以追溯到公元前 776 年。但在此以前，古奥运会可能已经存在了几个世纪。奥林匹克运动会简称“奥运会”，是由国际奥林匹克委员会主办的世界性综合运动会。

◀奥林匹克运动发祥地

奥运吉祥物的出现

▲1968 年第 10 届冬季奥运会非正式的吉祥物——舒斯，也是奥运会史上的第一个吉祥物

奥运吉祥物最早出现在 1968 年法国格勒诺布尔举行的第 10 届冬季奥运会上。一只头顶光环、身穿法国国旗颜色的衣服、名叫舒斯的溜冰熊，成了当届奥运会非正式的吉祥物。在 1972 年第 20 届德国慕尼黑奥运会上，一只名叫瓦尔第的小猎狗成了奥运会第一个正式吉祥物。此后，各届奥运会承办国纷纷效仿，选择本国深受大家喜爱的珍稀动物经过艺术加工，作为该届奥运会吉祥物。

在即将举行的北京 2008 年奥林匹克运动会上，吉祥物由五个以“鱼、熊猫、奥运圣火、藏羚羊、京燕”为创意，被亲切地叫做“贝贝、晶晶、欢欢、迎迎、妮妮”的中国福娃组成，以“北京欢迎你”的谐音命名，希望借此将北京的祝福带给全世界。

▲2008 年北京奥运会吉祥物

历届夏季奥运吉祥物

1972 年慕尼黑奥运会　小猎狗 Wddi

1976 年蒙特利尔奥运会　海狸 AmiR

1980 年莫斯科奥运会　俄罗斯熊 Misha

1984 年洛杉矶奥运会　老鹰 Sam

1988 年汉城奥运会　小老虎 Hodori

1992 年巴塞罗那奥运会　小狗 Cobi

1996 年亚特兰大奥运会　小精灵 Lxxy

2000 年悉尼奥运会　鸭嘴兽 Syd，笑翠鸟 Ollg，针鼹 Millie

2004 年雅典奥运会　布娃娃雅典娜 Athena、费沃斯 Phavos

2008 年北京奥运会　福娃贝贝、福娃晶晶、福娃欢欢、福娃迎迎、福娃妮妮

▲1972 年慕尼黑奥运会的吉祥物——小猎狗 Wddi

▲2004 年雅典奥运会的两个吉祥物

体育奖杯的由来

▶优胜者的奖励

一些竞赛，尤其是体育竞赛，总是向优胜者颁发奖杯，而且多数带有两个长长的耳朵，并且在称呼上都带有一个“杯”字。

现代的体育奖杯是由一种叫“爱杯”的大酒杯演变而来，它起源于英国。

据西方史料记载，1000多年前，英王爱德华出征归来，骑在马上接受别人敬献的一杯祝酒。正当他仰首痛饮时，被刺客从背后猛刺一刀，坠马身亡。

此后，英国人凡是举行各种宴会，主人便用一个大酒杯盛满美酒，在客人中依次传递，轮流饮用。

每当一位客人起立接过大酒杯时，邻近的两位也必须陪同站起来，以示保护，免使饮酒者重蹈英王爱德华的覆辙。

后来，这只来宾都要轮流饮用的大酒杯便命名为“爱杯”。在当时的英国，这种“爱杯”被视做最珍贵的礼品馈赠给贵客。

随着体育运动的蓬勃发展和人们对体育竞赛的兴趣日趋浓厚，人们又将“爱杯”作为奖品赠送给体育竞赛中的优胜者，以示祝贺，这个方式一直流传至今。

你知道世乒赛七只奖杯的由来吗？

斯韦思林杯：男团冠军奖杯，由前国际乒联名誉主席、英国斯韦思林夫人赠送。

▲对胜利者的奖赏

考比伦杯：女团冠军奖杯，由当时法国乒协主席马赛尔·考比伦先生所赠。

圣·勃莱德杯：男单冠军奖杯，是原英格兰乒协主席伍德科先生捐赠的，并以伦敦的圣·勃莱德乒乓球俱乐部命名。

吉·盖斯特杯：女单冠军杯，由吉·盖斯特先生赠送。

伊朗杯：男双冠军奖杯，由前伊朗国王所赠。

波普杯：女双冠军奖杯，由前国际乒联名誉秘书波普先生捐赠。

兹·赫杜塞克杯：男女混双冠军奖杯，由原捷克斯洛伐克乒协秘书兹·赫杜塞克先生赠送。

金牌是金的吗？

▲冠军的领奖台

奖牌是对运动员成绩的肯定，而金牌更是运动员梦寐以求的。

很久以前，在欧洲，比赛优胜者获得的奖赏，是戴上用桂树的枝叶编成的圆圈，称为“桂冠”。

1465 年在瑞士，奖给“三级跳”优胜者一枚金币代替了“桂冠”。从此，用几种贵重金属仿造钱币的样子，做成奖章赠给体育比赛的获胜者——冠军为金质，亚军为银质，季军为铜质。

现在国际性重大比赛获得的金牌有的是金的（22k、18k 不等）。奥运会的金牌则是用银子做成的，表面是镀金的，其表面镀金的重量不少于 6 克；奥运会的银牌和铜牌，则是用银或铜制成的。在国内比赛中，金牌一般是着一层金粉，银牌是铝制品着银粉，铜牌着黄色。

中国第一枚奥运金牌

1984 年 7 月 29 日，中国射击运动员许海峰在第 23 届洛杉矶奥运会上，以 566 环的成绩获得自选手枪慢射冠军，那是当届奥运会第一枚金牌，也是中国奥运史上第一枚金牌。

中国第一枚奥运男子田径金牌

2004 年 8 月 31 日，中国田径运动员刘翔在第 28 届雅典奥运会上以 12 秒 91 的成绩平了由英国名将科林·杰克逊保持的世界纪录，夺得男子 110 米栏金牌。这枚金牌是中国男选手在奥运会上夺得的第一枚田径金牌，书写了中国田径新的历史。

中国首次参加奥运会

1932 年 7 月 30 日至 8 月 14 日第 10 届奥运会在美国洛杉矶举行。中国代表团在政府不予财政支持的状况下，首次参赛。代表团共 6 人，分别为刘长春、沈嗣良、宋君复、刘雪松、申国权、托平，但运动员仅刘长春一人。刘长春原拟参加 3 个短跑项目，因旅途劳顿，放弃了 400 米，在 100 米、200 米预赛中，分列第五、第六名，遭淘汰。但他挫败了日本侵略者企图把伪满洲国塞进奥运会，企图骗取世界各国承认伪满洲国的政治阴谋，在政治上赢得了成功。

◀激烈的比赛现场

体育场南北朝向

▶向终点冲刺

随着中国体育事业的蓬勃发展，北京作为中国的首都，近年来兴建了一大批具有国际标准的体育场馆，这些体育场都是南北朝向，这是因为地球自转和公转是国际体育组织要求运动场地方向的主要依据。以北半球为例，中午 12 点以前，太阳光从体育场的东面向西面照射；12 点以后，太阳光从运动场的西面向东面照射。这对于自北向南或自南向北跑动的运动员来说都是“侧光”，从而避免了阳光直射入眼。因此，国内外在修建体育场地时，总是将体育场的纵轴线顺着南北向，以最大限度地避免太阳光直射和漫反射引起晃眼、刺眼等不利因素。

1998 年世界杯亚洲区决赛本来定在中国足球城大连举行，但因其体育场是东西向的，最终成了一座不能用于国际比赛的体育运动场。

中国体育节的由来

清朝末年，由于鸦片传入中国，部分国人染上吸食鸦片的坏习惯，导致整天精神不振，无心工作，国家由盛转衰。而外国人也耻笑我们是“东亚病夫”，积弱不振。中华民国成立后，政府为了提倡全民运动，改变外国人对我国人民的不良印象，所以在民国三十一年（1942 年）将公历 9 月 9 日定为“体育节”。

▼运动员们争分夺秒

重大比赛都安排在下午3点以后进行

据健康中心专家解释说，这段时间人体的听觉、视觉等器官最敏锐，人的体力、协调能力和身体的适应能力都是一天当中最好的时段。英国生理学家汤姆雷利通过测定发现，下午4~9点，人体内与代谢有关的激素分泌最为活跃，此时全身的肌肉以及内脏器官的温度也都升高，达到细胞内的各种酶发挥活性最适宜的温度。加上此段时间人的大脑皮层的兴奋性也比较集中，神经灵活性也最好，所以运动起来敏捷而协调，从而会极大地减少运动员受伤机会。

▲不畏艰险的登山者

训练前的热身运动

在训练或比赛开始之前先作几分钟的热身运动，这对身体和注意力都是很好的准备过程。热身还可以避免运动中突然用力而拉伤肌肉。许多其他的损伤也可以通过正确的热身运动来防止。热身运动最好从系统的拉伸活动开始。拉伸时要缓慢，避免突然用力，被拉伸的那部分肌肉一定不要用力。拉伸之后，应该做一些一般性的准备活动，如轻微的原地跑跳等，既调动了内脏器官，又让全身的关节得到了预热。

▼奋力拼搏的体育健儿

禁止使用兴奋剂

◀蒙哥马利使用兴奋剂被禁赛两年

兴奋剂是指体育运动上能够改变运动员的身体条件和精神状态，借以提高竞技能力的某些物质。禁止使用兴奋剂是因为使用兴奋剂有害健康，也是不道德的。运动员使用兴奋剂是一种欺骗行为，因为，使用非法药物这种不正当的方法会让使用者在比赛中获得优势，这种违法行为不符合诚实和公平竞争的体育道德。现代体育运动最强调公平竞争的原则，公平竞争意味着“干净的比赛”、正当的方法和光明磊落的行为。使用兴奋剂既违反体育法规，又有悖于基本的体育道德。使用兴奋剂使体育比赛变得不公平，运动员们不再处于平等的同一起点，因此必须禁止。

世界反兴奋剂机构大事记

1999 年 11 月 10 日，世界反兴奋剂机构在洛桑成立。

2000 年 1 月，世界反兴奋剂机构在洛桑举行了首次正式会议。

2000 年 2 月，中国成为世界反兴奋剂机构理事国。

运动场上的恶魔——兴奋剂！

▶镇定的注射者

◀令人恐怖的注射

兴奋剂的使用历史如果从古代奥运会算起，至今已经有 2000 多年了，即使是从 1865 年首次出现服用兴奋剂的报道算起也有 100 多年了。但是，从 1968 年奥运会开始实行兴奋剂检测的 30 多年以来，运动员使用兴奋剂的事件并没有减少，而且有愈演愈烈之势。1988 年汉城奥运会上，加拿大著名短跑运动员本·约翰逊因药检呈阳性而被取消金牌，成了当时体坛最大的兴奋剂丑闻。反兴奋剂严酷的现实确实让人真实地感受到了什么叫做“道高一尺，魔高一丈”。

世界杯足球赛是怎么来的?

世界杯足球赛是世界上规模最大、影响最深、水平最高的足球比赛。

从 1896 年第 1 届现代奥运会开始，足球就被列为正式比赛项目，但当时的奥运会比赛只允许业余运动员参加。到了 1928 年，国际足联主席雷米特有感于众多优秀职业球员没有机会献艺，于是在一次会议上，提议并决定于 1930 年起每四年举办一次包括职业球员参加的世界性大赛——世界足球锦标赛。

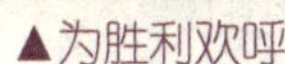
▲为胜利欢呼

为了表彰雷米特为世界足球发展做出的贡献，1956 年“世界足球锦标赛”改名为“雷米特杯赛”（又称“女神杯”），后又改称“世界足球冠军赛－雷米特杯”。1971 年国际足联制作出新的奖杯，新杯定名为“国际足联世界杯”。以后，人们便把四年一次的“国际足联世界杯赛”，简称为“世界杯足球赛”。

◀足球健将

历届世界足球先生

1991　马特乌斯（国际米兰，德国）；
1992　范巴斯滕（AC 米兰，荷兰）；
1993　罗伯特·巴乔（尤文图斯，意大利）；
1994　罗马里奥（巴塞罗那，巴西）；
1995　维阿（AC 米兰，利比里亚）；
1996　罗纳尔多（PSV 埃因霍温 / 巴塞罗那，巴西）；
1997　罗纳尔多（巴塞罗那 / 国际米兰，巴西）；
1998　齐达内（尤文图斯，法国）；
1999　里瓦尔多（巴塞罗那，巴西）；
2000　齐达内（尤文图斯，法国）；
2001　菲戈（皇家马德里，葡萄牙）；
2002　罗纳尔多（皇家马德里，巴西）；
2003　齐达内（皇家马德里，法国）；
2004　小罗纳尔多（皇家马德里，巴西）；
2005　小罗纳尔多（皇家马德里，巴西）；
2006　卡纳瓦罗（皇家马德里，意大利）；
2007　卡卡（AC 米兰，巴西）。

►2006 年世界足球先生卡纳瓦罗

足球起源于哪里？

脚踏足球

足球运动是一项古老的体育运动，源远流长。

众多的资料表明，中国古代足球的出现比欧洲更早，历史更为悠久。我国古代足球称为“蹴鞠”或“蹋鞠”，“蹴”和“蹋”都是踢的意思，“鞠”是球名。“蹴鞠”一词最早在《汉书》中有记载。到了唐宋时期，蹴鞠运动已十分盛行，成为宫廷之中的高雅活动。

1958 年 7 月，国际足联前任主席阿维兰热博士来中国时曾表示：足球起源于中国。当然，由于封建社会的局限，中国古代的蹴鞠运动最终没有发展成为以“公平竞争”为原则的现代足球运动，这个质的飞跃是在英国完成的。

足球发展历史

据说，希腊人和罗马人在中世纪以前就已经从事一种足球游戏了。他们在一个长方形场地上，将球放在中间的白线上，用脚把球踢滚到对方场地上，当时称这种游戏为“哈巴斯托姆”。到 19 世纪初，足球运动在当时欧洲及拉美一些国家特别是在英国已经相当盛行。1848 年，足球运动的第一个文字形式的规则《剑桥规则》诞生了。

足球场地要求

场地面积：比赛场地应为长方形，其长度不得多于 120 米或少于 90 米，宽度不得多于 90 米或少于 45 米（国际比赛的场地长度不得多于

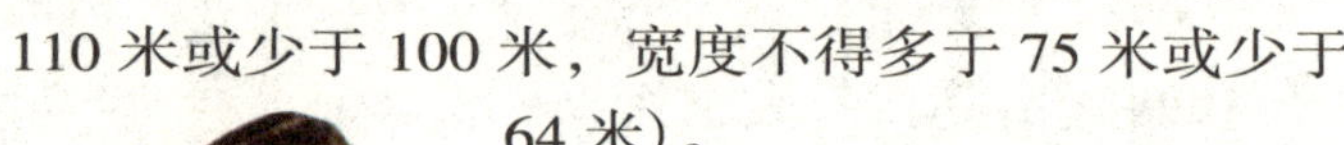

110 米或少于 100 米，宽度不得多于 75 米或少于 64 米）。

比赛场上互不相让

画线：比赛场地应按照平面图画出清晰的线条。场地每个角上应各竖一面不低于 1.50 米高的平顶旗杆，上系小旗一面；相似的旗和旗杆可以各竖一面在场地两侧正对中线的边线外至少 1 米处。

球门：球门应设在每条球门线的中央，门柱及横木的宽度与厚度，均应对称相等，不得超过 12 厘米。球网附加在球门后面的门柱及横木和地上。

足球场上 10 号备受青睐

足球场上 10 号备受青睐球衣是一支球队的战袍，但它又不仅仅只是战袍，现代足球还赋予了它更多的含义。

历史上有过太多伟大的 10 号。除了贝利，大多数伟大的 10 号都在中场游走组织，比如马拉多纳。在欧洲，普拉蒂尼的 10 号球衣更象征着一种强大摧毁力和统治力。欧锦赛中，许多球队也延续了 10 号对中场的统治。在意大利只有一个 10 号，从前是巴乔，现在是托蒂。瑞士同样把他们的中场交给了 10 号统治。莫斯托沃伊是俄罗斯的“沙皇”，只有他不上场的时候，主教练才“敢”把 10 号交给中锋布利金。

10 号球星 Top10

10. 肯佩斯（阿根廷）：

1978 年一人独进 6 球，包揽金球奖和金靴奖。

9.莱因克尔（英国）：

从未被裁判出过红黄牌，在两届世界杯上打进 10 球。

8.马特乌斯（德国）：

令德国足球在 20 年的时间中常胜不衰。

7.齐达内（法国）：

集世界足球先生、身价最高的球星、世界杯以及欧洲杯冠军队核心等荣誉于一身。

▲我是 10 号，你跟我抢!!

6.古利特（荷兰）：

和他的同胞们在整个欧洲创造了一个不灭的神话。

5.济科（巴西）：

三次南美足球先生的得主，和苏格拉底、法尔卡组成的中场铁三角曾是巴西队的灵魂。

4.巴乔（意大利）：

精湛的球技、优雅的外表和传奇式的经历，球迷心中永远的英雄。

3.普拉蒂尼（法国）：

连续三次荣膺欧洲足球先生以及欧锦赛最佳射手和最佳球员的殊荣。

2.马拉多纳（阿根廷）：

一位将足球踢得出神入化的真正的英雄。

1.贝利（巴西）：

世界上第一个 3 次被评为世界最佳足球运动员的超级球星。

篮球为什么没有1、2、3号队员？

▲灌篮高手

很多人都喜欢看篮球比赛，也许细心的观众会发现，比赛场中，无论哪一个球队，都没有1、2、3号队员。这是因为，在篮球比赛中，如果一方犯规，判对方罚球时，如果判罚两次，裁判员在第一次罚球前举右手伸出两指，表示罚两次，在第二次罚球前伸出一个指头，表示还要再罚一次。此外，队员3秒违例，裁判员也要伸出三个指头表示。而球队换人或队员犯规时，裁判员也是用手势示意该队员号码。这样，如果队员号码中有1、2、3号，就容易引起误会，影响比赛。所以，篮球队员的编号都从4号开始，当然就没有1、2、3号队员了。

篮球——“巨人”的运动

20世纪70年代起，世界篮球运动趋向超高度、超速度、超强度的方向发展。各国强队都有“巨人”，以求“空中优势”。第25届奥运男篮赛，大部分队平均身高在2米以上。这些巨人尽管是训练有素，基本技术熟练，但他们的举止动作又常常是富于笨拙迟缓的谐趣。所以，每当这些巨人上场，观众席上就笑声不绝。这笑声是对他们做出的常人做不到的精彩动作的欢呼。观众在不知不觉的笑声中达到了娱乐身心的效果。

美国女排中为什么没有7号？

被称为“网上巨人”的原美国国家队女排主力队员、世界头号主攻手海曼，在一次比赛中突然心脏病发作，死在赛场上。为了纪念她为美国女排发展做出的贡献，美国女排决定，将她生前上场所穿球衣的7号号码作为国家队永缺的号码。

▶奋勇拼搏

乒乓球的名字是怎样来的？

▲小小乒乓球

大约 1885 年，欧、美的一些体育用品制造商人，看到当时网球在上层社会极其盛行，就独出心裁地把网球搬进室内，在桌面上打一种包有丝织物的橡胶球。因而，乒乓球在英美又叫“桌上网球”。1890 年，一位叫吉布的英国工程师提出了用赛璐珞制成空心球来代替橡胶球的想法。5 年后，这种空心球出现在人们的生活中。由于这种球发出“乒乓”、“乒乓”的声音，于是，人们便把它叫做乒乓球。

今天，乒乓球已经成为高科技与高速度的竞技体育项目。如果从参与这项运动的人口来看，乒乓球可以算是世界第一运动，乒乓球在中国有“国球”之称。

乒乓球到底有多重？

由小变大，经历了一番曲折的过程。20 世纪 80 年代初，中国队囊括第三十六届世界乒乓球锦标赛 7 项冠军之后，就有人提出把乒乓球加大，但没有得到人们的重视。

1996 年 5 月，国际乒联理事会同意试验大球的提案——为减缓球速和旋转，增加回合和观赏性，建议将乒乓球的直径增大 2 毫米，但由于日本厂商意见太大而作罢。

直到 1999 年在大维第四十五届世乒赛期间举行的国际乒联代表大会上，“大球改革”提案因未获得四分之三多数票而被搁置。

2000 年 2 月 23 日，国际乒联特别大会和代表大会在吉隆坡通过 40 毫米大球改革方案，决定从 2000 年 10 月 1 日起，也就是在悉尼奥运会之后，乒乓球比赛将使用直径 40 毫米、重量 2.7 克的大球，以取代 38 毫米的小球。

◀有『桌上网球』之称的乒乓球运动

我国最早的乒乓球游戏

早在清代初期，我国云南、四川交界地区，在苗族人民中曾盛行过一种叫“臭柑子”的游戏。人们用晒干的柑果皮做球，手握长柄木制球拍，在门板或床板上打来打去。到了清末，在珠江流域又发展了这种游戏，用猪尿泡吹气为球。这种球分量轻、弹跳力强，用木拍打起来就更加有趣。应该说，这种游戏已经类似乒乓球运动了。

游泳运动的起源

▶水上健儿

游泳是一项最好的健身运动，它可使身体各个器官或系统得到锻炼，同时还可锻炼人的意志。

游泳的起源很早。远古时代，人类在布满江、河、湖、海的环境中生活，不可避免的要和水发生关系。在生产劳动和同大自然作斗争的过程中，就产生了游泳，并不断创造和发展了游泳的多种技能和方法。

古罗马人曾兴建巨大的浴池供上流社会人士作为余暇游泳及社交活动场所。当时游泳被视为贵族子女教育的一个重要部分，同时也被认为是士兵训练的项目之一。

在 17 世纪及 18 世纪时，游泳仍然被视为一种闲暇时的活动。源于英国及澳洲的竞技游泳，从 19 世纪中期开始流行到世界各国。到 19 世纪末，国与国之间的游泳比赛十分盛行。1896 年，在现代第 1 届奥运会上，游泳被列为比赛项目之一。

花样游泳为什么被称为“水上芭蕾”？

花样游泳在第二次世界大战前源于欧洲，当时运动员把漂浮、转动等游泳方法与队形变化相结合，在音乐伴奏下于水中做出各种优美的造型，故被称为“水上芭蕾”。成为竞技项目后，其表演技巧和内容日渐丰富。

▼表演技巧和内容日渐丰富的花样游泳

推铅球运动的起源

推铅球是田径运动的投掷项目之一，它对增强体质，特别是发展躯干和上下肢力量有显著的作用。

大约在公元 1340 年有了炮兵，当时炮弹是圆形的，重 16 磅。士兵们利用和炮弹形状、重量相同的石头，做投掷游戏和比赛。后来把石头改成了金属球，逐渐变成现在的铅球，并将这个重量折合成 7.257 千克，作为男子铅球的重量（1975 年又改为 7.26 千克），女子铅球的重量为 4 千克。

推铅球作为田径运动项目，是在 19 世纪的英国。不久，其他国家的运动员也开始练习推铅球。1896 年第一届现代奥运会，把男子推铅球列为正式比赛项目。1948 年第 14 届奥运会，又把女子推铅球列为正式比赛项目。

◀高空中旋转的铅球

推铅球运动

推铅球是利用人体全身力量将一定重量的铅球从肩上用手臂推出的投掷项目。铅球比赛在直径为 2.135 米，前缘装有抵趾板的投掷圈内进行。

比赛时，运动员单手拿铅球，通过滑步旋转，最后用力将球由肩上推出。铅球的落点须在规定的 40°角线区域以内，运动员等球落地后，从后半圈走出，成绩方为有效。

比赛时，运动员按顺序先试推 3 次为预赛，按成绩取前八名，再推 3 次为决赛，以其 6 次试推中最好成绩判定名次。

▼滚动的铅球

勇敢者的运动——蹦极

“蹦极”就是跳跃者站在约 40 米以上（相当于 10 层楼高）高度的桥梁、塔顶、高楼、吊车甚至热气球上，把一端固定的一根长长的橡皮条绑在踝关节处，然后两臂伸开，双腿并拢，头朝下跳下去，使跳跃者在空中享受几秒钟的“自由落体”。当人体落到离地面一定距离时，橡皮绳被拉开、绷紧，阻止人体继续下落；当到达最低点时，橡皮绳再次弹起，人被拉起，随后又落下。这样反复多次直到橡皮绳的弹性消失为止，这就是蹦极的全过程。

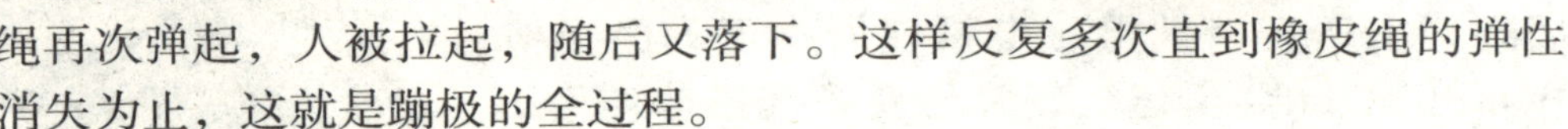

▲勇敢者的运动

蹦极

蹦极最初传入英国时，是被作为皇宫贵族的一种表演，表演者甚至必须身着燕尾服，头戴礼帽。

美国人率先使用了橡皮绳蹦极，但真正将蹦极跳发扬光大的是新西兰人。新西兰人成立了世界上第一个反弹跳跃协会，并在 1988 年首次向社会公开展示高空悬跳，从此这一运动得以被大力推广。1997 年，蹦极跳首次传入中国并发展到现在。

蹦极跳主要有三种形式

桥梁蹦极：在桥梁上伸出一个跳台，或在悬崖绝壁上伸出一个跳台。

塔式蹦极：即主要是在广场上建造一个斜塔，然后在塔上伸出一个跳台。

火箭蹦极：顾名思义，将人像火箭一样向上弹起，然后一下弹跃。

蹦极运动的起源

传说在澳洲北部的南太平洋上有一个叫蓬特克斯特的小岛，岛上有一位妇女受到丈夫的虐待，不堪忍受，就把脚系在藤条上从椰子树上跳下来。村里人对她的行为十分崇敬，并仿效她以示勇敢。这个风俗被称为“俯冲跳”，一直在岛上流传下来。1954 年，有两位地理学家来到岛上考察，将这一风俗写进他们的报告中，从此蹦极运动被传播开来。

▲惊险刺激的蹦极运动

▲空中飞人

跳高运动员要助跑

◀一跃而过

跳高运动员能腾起越过横杆，靠的是助跑的速度和起跳蹬地的支撑反作用力。由于速度的方向是水平向前的，而支撑反作用力是垂直（或近似垂直）向上的，所以起跳后的身体重心沿着一个抛物线轨迹运动。这个抛物线轨迹的高度，取决于起跳时的腾起初速度和腾起角（最大腾起角为 90 度）的大小。一般说来，应该尽可能增大这两项数值。然而，由于跳高不是单纯的垂直向上运动，越过横杆还必须有一个向前的力量；再则，还要充分利用水平速度来增大腾起初速度，因此，腾起角应小于 90° 。至于腾起初速度，则和运动员的素质和技术的熟练程度密切相关。腾起初速度越大，跳得就越高。当腾起角一定时，腾起初速度是起决定作用的。

跳高运动的起源和发展

跳高作为一种游戏活动可以追溯到远古时代。在古代日耳曼人中曾盛行过跳跃横排马匹的比赛，非洲的图西人还曾有过利用厚木头的跳板或石头踏跳进行的跳高游戏。

现代跳高运动则起源于英国，1800 年举办的苏格兰运动会上，跳高即已被列为比赛项目。19 世纪 60 年代以后，跳高在欧洲和美洲开始普及。1896 年第 1 届奥运会和 1928 年第 9 届奥运会上，男子和女子跳高被正式列入比赛项目。

跳高的注意事项

◀锻炼的脚步

1.注意安全。跨越式和俯卧式跳高，可在沙坑内练习，但必须事先挖好沙坑，尽量挖深点，使沙坑松软，保证落地安全。练习背越式时，一定要用海绵包。

2.练跳高前，先做一定数量的拉长下肢肌肉韧带的练习，躯干及腰、腹也要进行适当的幅度比较大的活动。

3.跳高前也可练习几次 30 米加速跑。

4.反复练习助跑与踏跳的结合。

5.平时应注意提高自己的腿部力量及关节、韧带的柔韧性。

国际乒乓球赛为什么有种子选手？

一直以来，乒乓球运动就普遍受到人们的喜爱，我国的乒乓球运动水平居于世界领先地位。

国际乒联在每届世界乒乓球锦标赛之前都要公布种子选手名单。名单是在上届各项比赛名次的基础上，参考两年来重大国际比赛的成绩，并根据报名情况决定的。作为优秀运动员的种子选手在抽签时均有确定的位置，同时不参加预选赛，因此，他们比非种子选手出线更有利，这是种子选手享有的特殊待遇。

▶乒乓球比赛

◀喜闻乐见的乒乓球运动

历史与发展

乒乓球运动约在 19 世纪末期起源于英国，起初被很多人视为茶余饭后的娱乐，随后辗转传到美国、欧洲中部、日本、中国及韩国等地，发展至今，已成为一项世界性的运动。国际乒乓球联合会（简称国际乒联）于 1926 年成立后，成为这项运动的最高管理机构。

乒乓球在 2008 年奥运会上

在 2008 年的北京奥运会上，乒乓球的男女双打比赛将调整为男女团体赛，这是因为团体代表国家和地区，这样可以让更多的国家和地区参加奥运会，并有机会获得奖牌，从而将更多的人吸引到乒乓球运动中来。

▼“桌上网球”

滑雪运动员要戴特别的眼镜

滑雪是一项动感强烈、很富于刺激的体育运动。初学者在滑雪前了解一些必备的常识是非常必要的。

根据不同的滑雪项目，运动者常需选择不同的滑雪镜，通常滑雪镜分为高山镜、跳台镜、越野镜、自由镜等。

由于雪地上阳光反射很强烈，加上滑行中冷风对眼睛的刺激很大，所以需要滑雪镜来保护滑雪者的眼睛。

◀整装待发

滑雪镜应具备以下几个功能

首先，防止冷风对眼睛的刺激；

其次，防止紫外线对眼睛的灼伤；

再次，镜面不能起雾气；

最后，跌倒后滑雪镜不应对脸部造成伤害。

跳台滑雪运动员的技术

运动员从站台出发，由助滑坡开始下滑，采用弓身下蹲姿势，在“起飞”时，运动员双腿伸直，双臂在两侧与身体并拢，身体前倾成水平姿态，同时使两只滑雪板平行并拢。在即将着地的一刹那，运动员身体抬起，一只脚放在另一只脚的前面，双膝弯曲进入回转急停姿态，并将两臂张开以保持平衡。

正确选择滑雪镜

首先我们应该根据不同的滑雪项目来选择相应类型的滑雪镜，但无论选择哪 类滑雪镜，都应尽量选择全封闭型滑雪镜，这种滑雪镜外观上类似潜水镜，但不把鼻子扣在内。外框由软塑料制成，能紧贴面部，防止进风。镜面由镀有防雾、防紫外线涂层的有色材料制成，这种材料很柔软，用力扭曲会发生变形而不会发生断裂，以保证镜面受到撞击时不会对脸部造成伤害。另外在外框的上面有用透气海绵制成的透气口，以使面部皮肤排出的热气散到镜外，保证镜面有良好的可视效果。

◀刺激的滑雪运动

举重时为什么有人会头晕？

举重时头晕是因为脑缺血所引起的暂时现象。举重时常常有短暂的憋气动作。所谓憋气就是关闭声门（是喉部的气管的通道），然后用力收腹收胸，向外呼气，这样就造成了胸腔和腹腔的内压显著增大。平时胸内压呈现着负压（即低于大气压），平均比大气压低 10 毫米汞柱。但在憋气时，胸内压变为正压。在胸膜腔内有大的血管通过，其中管壁弹性较差的腔静脉，由于胸膜腔内压力增大而压扁，使血液回流受到严重阻碍，造成由于回心血量减少而引起的心输出血量骤然减少，导致头部脑组织缺血，而出现头晕现象。憋气之后，血液循环正常了，这种头晕现象就会消失。

举重训练时，一般都不要求在深吸气后再进行憋气，而是不要吸满；而且在举杠铃发力的一刹那，声门突然开放，发出“嗨”的声音呼气，这样做可以避免因为过度憋气而发生的头晕的现象。

一项古老的运动——举重

古希腊人曾用举石头来锻炼和测验人的体力，罗马人在棍子的两头捆上石块来锻炼体力和训练士兵。中国民族形式的举重活动，早在 2000 多年前的楚汉时代就有记录，从晋代至清代，举重均列为武考项目。

近代举重项目始于 18 世纪末的欧洲。1896 年在雅典举行的第 1 届奥运会上，举重被列为正式比赛项目。当时不按运动员的体重分级别，只有单手挺举和双手挺举。在 1920 年的第 7 届奥运会上，开始按运动员的体重分成 5 个级别，并改为单手抓举、挺举和双手挺举，这为近代举重比赛奠定了基本方式。1924 年改为单手抓举、挺举和双手推、抓、挺举 5 种。1928 年取消单手举，保留了双手举的 3 种形式。由于推举易使运动员的腰椎受伤，裁判的尺度也难以掌握，因此 1972 年奥运会举重比赛后，正式公布取消推举。

长跑运动中的“极点”

奋力追赶

在长跑过程中，有一段时间运动员会感到身体特别难受，出现胸部发闷、呼吸困难、心跳、腿软、头晕恶心、步子发沉等现象，这就是生理学上所指的“极点”。

“极点”是一种暂时的、正常生理现象。由于人体从安静状态转入运动状态，身体各个器官未能很好配合，尤其是心脏和呼吸器官未能适应肌肉、骨骼等运动器官活动的需要，因此引起大脑皮层工作的紊乱。同时，人体在活动过程中产生二氧化碳、乳酸等代谢产物，不能及时氧化和排除，并越积越多。为了吸入氧气和排出二氧化碳，呼吸越加急促，心跳更加频繁。大脑皮层受到这种过度刺激，中枢神经系统的协调性遭到破坏，因而出现了“极点”现象。

快步如飞

长跑训练

“极点”出现的早晚和人体的反应强弱，是与人们的体质、锻炼水平、运动强度紧密相关的。

运动强度大、锻炼水平低、体质较弱的人，“极点”就可能出现早一点，反应也会强烈一些。

即使是优秀的中长跑运动员，也常会出现“极点”，但随着训练水平的逐步提高，这一令人不适的生理反应将逐步推迟和减轻。

减轻和克服“极点”的办法

首先要在长跑前做好充分的准备活动。另外，平时应该坚持刻苦锻炼，持之以恒。那么，如果出现“极点”怎么办？它既然是一种正常的生理现象，就不要害怕和紧张，更不要中途停止运动。可以适当减慢跑速，有意识地加大呼吸深度，减少呼吸次数，调整呼吸与动作节奏，并以顽强的意志和毅力坚持跑下去。

什么是亚健康？

随着都市生活节奏的加快，人们的精神压力越来越大，而锻炼身体的时间却越来越少，这时一个新名词“亚健康”出现了。

“亚健康”是指身体虽然没有患病，却出现生理功能减退、代谢水平低下的状态。

亚健康的典型特征

患者体虚困乏易疲劳、失眠休息质量不高、注意力不易集中，甚至不能正常生活和工作，但在医院经过全面系统检查、化验或者影像检查时，往往还找不到肯定的病因所在。亚健康人普遍免疫功能低下，容易罹患各种疾病。亚健康状态既是疾病的先导，也是早衰的先兆。

由于亚健康是处于健康与疾病之间的一种临界状态，由于其病征不明显，得不到及时的调整，很有可能会导致疾病的发生，加之现代生活节奏的加快，这种状态广泛存在于年轻人群中，因此已成为国际医学界研究的热点问题之一。

亚健康状态危害

亚健康分为 3 个层次，轻度的亚健康状态可以降低人的生活质量，出去旅游、运动只对轻度的亚健康患者有用，但对中、重度的患者就毫无效果了。所谓中、重度，就是这种生理上的不舒服已经严重地影响到患者的生活、工作，而且会逐渐造成机体不可逆转的器质性损害。

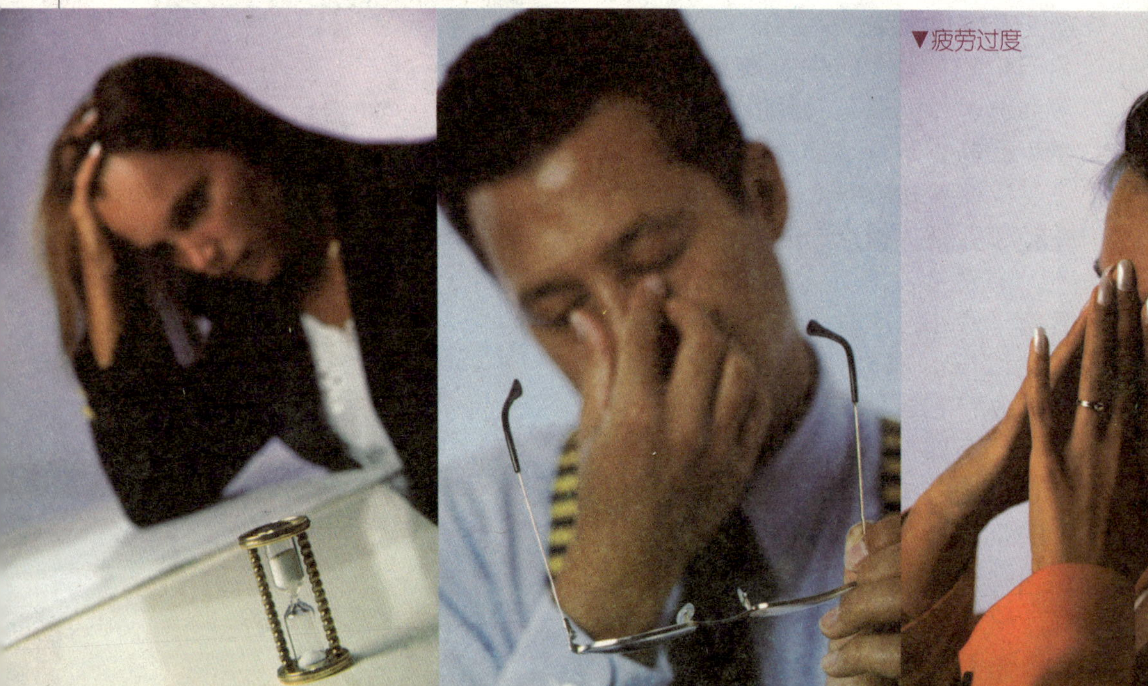
▼疲劳过度

什么是禽流感？

▲成为餐桌上的食品

禽流感是禽流行性感冒（Avian Influenza，AI）的简称，是由 A 型流感病毒引起的禽类传染病。近来这个词频繁出现在我们的生活中。

禽流感的传播途径有两条：首先是经过呼吸道飞沫与空气传播，其次是经过消化道感染。

如何预防禽流感

在生活中，大家不要谈禽色变，要做到以下几点以有效预防禽流感：1.要勤洗手。2.鸡肉、鸡蛋要煮熟后食用。3.要重视高温杀毒。4.要重视增强自身免疫力。5.不要或少去禽类市场。6.不要或尽量避免与活禽接触。7.不要去疫区旅游。8.不要对鸟儿等宠物掉以轻心。

禽流感的历史

最早的禽流感出现在 1878 年，意大利发生鸡群大量死亡，当时被称为鸡瘟。到 1955 年，科学家证实其致病病毒为甲型流感病毒。此后，这种流行性疾病被更名为禽流感。禽流感被发现 100 多年来，人类并没有掌握有效的预防和治疗方法，仅能以消毒、隔离、大量宰杀禽畜的方法防止其蔓延。

▼可怕的传染病使人们对其望而却步

什么是手足口病?

手足口病是由多种肠道病毒引起的一种多年存在的传染病，主要病原体为 EV71 和 CAl6 两种病毒，临床上以手掌、脚掌和口腔发生特殊的圆形疱疹为特征，一年四季均有发病，但大多发生在春末夏初，7 月达到高峰。任何年龄均可发病，尤以 1~4 岁儿童发病率最高，密切接触者及成人也可发病，传染性仅次于水痘，一般预后良好。

手足口病的传播途径

该病传播途径多样，以通过人群间的密切接触进行传播为主。病毒可通过唾液、疱疹液、粪便等污染的皮肤、毛巾、玩具、食具、以及衣服、食物等引起接触传播；患者咽喉分泌物及唾液中的病毒可通过空气飞沫传播；若接触到被病毒污染的水源，亦可经水感染；门诊交叉感染和口腔器械消毒不合格亦是造成传播的原因之一。患者的粪便在数周内仍然具有传染性。

手足口病是全球性传染病

1957 年新西兰首次报道了手足口病，1958 年分离出柯萨奇病毒，1959 年提出“手足口病” 命名。早期发现的手足口病的病原体主要为 CA16，1969 年 EV71 在美国被首次确认。此后 EV71 感染与 CA16 感染交替出现，成为手足口病的主要病原体。美国、澳大利亚、意大利、法国、荷兰、西班牙、罗马尼亚、巴西、加拿大、英国、德国、保加利亚、匈牙利、马来西亚、日本等很多国家均有此病流行的报道，其中，日本是手足口病发病较多的国家。

我国自 1981 年在上海发现本病以后，北京、河北、天津、福建、吉林、山东、湖北、广东等十几个省（市）先后发现疫情。2008 年 4 月手足口病于安徽省阜阳市再次爆发。

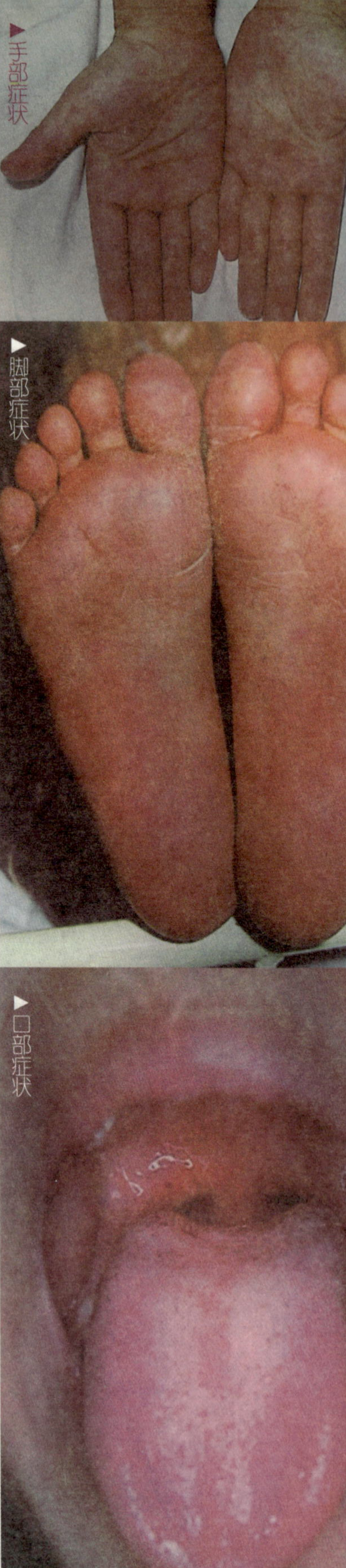

▶手部症状

▶脚部症状

▶口部症状

口蹄疫是怎样传染的？

▶美味的羊蹄如果处理不好会很危险的

口蹄疫是偶蹄类动物（牛、猪、羊等）的急性传染病，病原体是病毒，经接触传播。主要症状是体温升高，口腔黏膜和蹄部发生水疱并且溃烂，嘴里流白沫，跛行。有时也能感染人，并给人类健康带来严重威胁甚至死亡。

人曾因接触口蹄疫病畜及其污染的毛皮，或误饮病畜的奶，或误食病畜的肉品等途径而感染。人一旦受到口蹄疫病毒传染，经过2~18天的潜伏期突然发病，发烧，口腔干热，唇、齿龈、舌边、颊部、咽部潮红，出现水疱。皮肤水疱见于手指尖、手掌、脚趾。同时伴有头痛、恶心、呕吐或腹泻，有时并发心肌炎。患者对人基本无传染性，但可把病毒传染给牲畜动物，再度引起畜间口蹄疫流行。

口蹄疫的发生

1514年，意大利首次发生口蹄疫。1898年，口蹄疫被确认是由病毒引起的疾病。

口蹄疫发生时，一般采用宰杀患病牲畜并销毁尸体进行处理，会给畜牧业造成严重损失。国际兽疫局将口蹄疫列为“A类动物传染病”名单中的首位。世界上许多国家把口蹄疫列为最重要的动物检疫对象，中国把它列为“入境动物检疫一类传染病”。

口蹄疫的病源

口蹄疫的病源为口蹄疫病毒，在病畜的内唇、舌面水疱或糜烂处，在蹄趾间、蹄上皮部水疱或烂斑处以及乳房处水疱排出病毒最多，其次流涎、乳汁、粪、尿及呼出的气体也排出病毒。

这种病毒在外界的存活力很强，在污染的饲料、饲具、毛皮、土壤中可保持传染性达数月之久；在污染的冻肉中更能长时间存活，而造成远距离运输销售传播。阳光曝晒、一般加热都可杀灭口蹄疫病毒。

▶食用色素

▶美味食品

什么是苏丹红？

2005 年 2 月，苏丹红事件闹得全国饮食界沸沸扬扬，从而引发人们对食品安全问题的关注。苏丹红英文名称是 SUDAN，它是有机化合物，是一种工业用染料，主要是用于石油、机油和其他的一些工业溶剂中，目的是使其增色，也用于鞋、地板等的增光。苏丹红有Ⅰ、Ⅱ、Ⅲ、Ⅳ号四种。

苏丹红是禁止用做食品色素的。这是因为它的化学成分中含有一种叫萘的化合物，该物质具有偶氮结构，由于这种化学结构的性质决定了它具有致癌性，对人体的肝肾器官具有明显的毒害作用。

食用色素

食用色素以来源的不同，可分为两大类，分别是人工色素和天然色素。

天然色素主要来源有三方面：植物、动物和微生物。天然色素总的来说，安全性高，大部分是源自植物。

食用的人工合成色素通常以煤焦油来制成，各国或地区对人工色素的使用有严格的限制。

中国准许使用的合成色素有：胭脂红，苋菜红，赤藓红，新红，红色 40，柠檬黄，日落黄，靛蓝，亮蓝。

苏丹红的危害

经毒理学研究表明，“苏丹红Ⅰ号”会导致鼠类患癌，它在人类细胞研究中显现出可能致癌的特征，由于实际在辣椒粉中苏丹红的检出量通常较低，因此对人健康造成危害的可能性很小，偶然摄入含有少量苏丹红的食品，引起的致癌性危险性不大，但如果经常摄入含较高剂量苏丹红的食品就会增加其致癌的危险性，特别是由于苏丹红有些代谢产物是人类可能致癌物，目前对这些物质尚没有耐受摄入量，因此应尽可能避免摄入这些物质。

▼含大量苏丹红的食品

合理献血不会影响身体建康

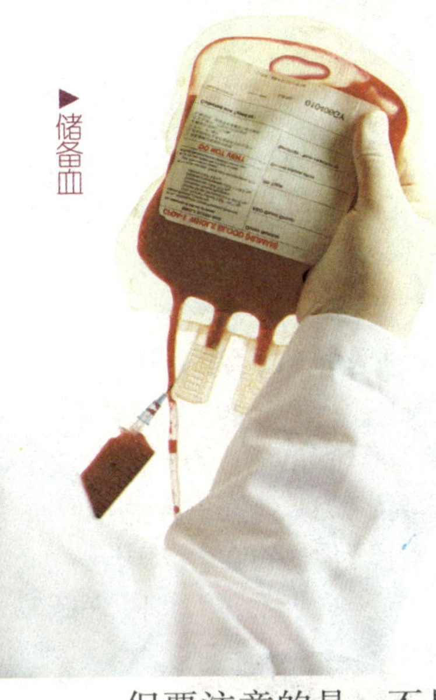

▶储备血

把血液献给生命垂危的人，病人就可能转危为安，这是一件很光荣的事情。医生说合理献血不会影响身体健康，从血量上看，每个成人全部血量大约在4000毫升左右，献血一次为200～400毫升，不足全部血量的5%～10%，经科学测定，健康人一次失血10%以下极少引起不适症状，这是因为我们身体在造血和储备血方面均有很强的代偿功能，自始至终处于不断进行新陈代谢的过程。

国内数以万计的献血实践告诉大家，即使一个人一年献血2～3次，每次200～400毫升，对人的健康也不会有影响。

但要注意的是，不是人人都能献血，献血前一定要调整好自己的身体状况，并做好咨询工作，以避免给自己或他人带来不必要的麻烦。

献血前后要注意哪些问题

献血前首先就要学习一些献血知识，了解献血常识，消除紧张心理，做到以下几点：

1.献血前应尽可能适当休息，保证充足睡眠。

2.在献血前应当吃些清淡的食物，不要吃油腻食物，不要空腹献血。

3.献血前还应把手臂特别是肘部洗干净。

4.献血前不能大量饮水，以免使血液稀释，降低血液质量，从而影响病人治疗。

献血后的营养补充一般以增加造血所必需的各种营养物质为宜。造血的原料主要包括：蛋白质、铁、叶酸和维生素 B12等。献血后不必特别地去吃些什么，只要吃得科学合理、有营养价值、可口、舒服、适量，就能在短时间里，恢复失去的那部分血液。

还要注意的是，献血后当天不要参加剧烈运动或通宵娱乐活动，以免影响身体的迅速恢复。

什么是无偿献血？

无偿献血是指为了拯救他人生命，志愿将自己的血液无私奉献给社会公益事业，而献血者不向采血单位和献血者单位领取任何报酬的行为。无偿献血是终生的荣誉，无偿献血者会得到社会的尊重和爱护。

无偿献血是无私奉献、救死扶伤的崇高行为，是爱心奉献的体现，使病人解除病痛甚至抢救他们的生命，其价值是无法用金钱来衡量的。

洋快餐是不是健康食品？

▲美味的快餐

我国的中小学生，甚至是一些成年人都对洋快餐情有独钟，洋快餐店如雨后春笋般出现在我国的各大中城市。但近年来，洋快餐是否营养、健康成为了人们关注的焦点。

过去和今天的大量研究结果都表明，洋快餐不是健康食品，甚至有人把它们称为“垃圾食品”。

大多数快餐中的营养素含量并不合理，油脂、胆固醇和油炸所产生的对人体有害的物质在快餐类食品中的含量都过高，而微量的维生素和水溶性维生素，这些对人体有益的营养素在快餐类食品中的含量却不够。营养学家主要指责洋快餐的三高（高热量、高脂肪、高胆固醇）和三低（低膳食纤维、低微量元素和低维生素）。

◀味道好极了

如果经常性地过量食用洋快餐，就很有可能引发肥胖和高血脂症，而肥胖还可能进一步导致糖尿病、痛风等病症。

洋快餐的诞生

洋快餐起源于19世纪末的美国，真正向现代快餐业发展是在20世纪50年代。

那时，由于美国在第二次世界大战获胜后，经济迅猛发展，人们的工作和生活节奏加快，双职工家庭迅速增加。人们没有时间和精力从事家务劳动，子女就餐成为家长关注和担心的问题，青少年学生和青年一代打工族拼命赚钱和大手大脚花钱，为洋快餐发展提供了空间。

▼便捷丰富的洋快餐

▼令人垂涎欲滴

维生素是不是补得越多越好？

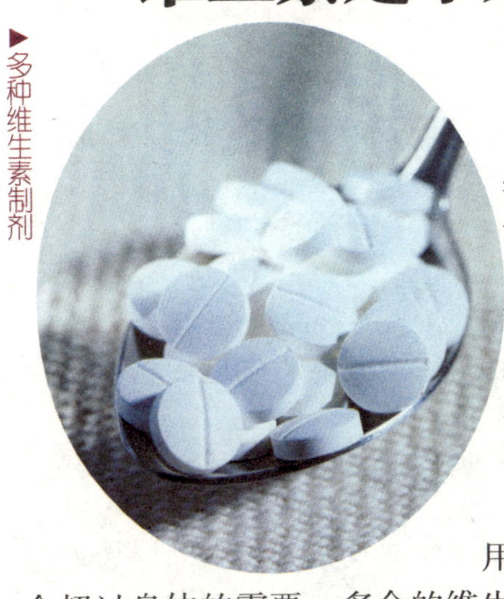
▶多种维生素制剂

维生素是维持人体正常生理功能所必需的一类有机物质，是七大营养素之一。服用适量维生素有益于人体健康。

维生素对机体的新陈代谢、生长发育和健康有很重要的作用，但过量服用维生素对人体有危害。例如维生素 A，按医生推荐的剂量服用似乎问题不大，但稍不留意超过剂量就会导致不良后果。

如果一个人每天正常进食，同时又服用维生素 A，这时人体内维生素 A 含量就会超过身体的需要，多余的维生素 A 就可能导致维生素 A 中毒，危害健康。专家建议，服用维生素不要一味追求多品种、多分量，合适自己的才是最好的。

维生素制剂与蔬菜

众所周知，蔬菜，尤其是有色蔬菜中含有丰富维生素，蔬菜是人体所需维生素的主要来源之一。生活中，有些人在吃蔬菜比较少时，会通过服用维生素制剂来补充一下；还有很多人认为，日常食用的蔬菜中已含有丰富的维生素，所以根本没必要再补充维生素制剂。

这两种做法都是片面的，蔬菜和维生素是不能互相代替的。

一方面，维生素不能代替蔬菜。这是因为蔬菜是多种维生素的集合体，还含有矿物质、微量元素、碳水化合物、纤维素等非维生素类营养成分，而维生素制剂多是单一的，所以蔬菜对健康的作用无疑是更全面的。

另一方面，蔬菜也不能代替维生素制剂。因为饮食在烹调过程中会破坏一些维生素，况且，要做到完全的膳食平衡也很难做到，当人体中的某些维生素含量过低而导致健康受损的时候，就必须靠适量的维生素制剂来补充。

▶小小维生素片

为什么经常补钙还会缺钙？

原因可能有几种：首先可能服用的是动物钙或合成钙，因为是大分子结构组成，所以可能难以被人体充分吸收；其次有可能他们日常饮食中的高蛋白、高糖造成酸性体液，从而造成骨骼内大量的钙离子流失；还有一种可能就是体内缺乏能促进钙的吸收、与钙相互依存的物质，如维生素 A、D 和铁、锌、镁、活性酶等。

儿童不宜乱吃补品

▶高档补品

做父母的都渴望孩子能健康成长。然而，一些家长却惟恐孩子营养不全面，动不动就给孩子吃补品，甚至高档补品。其实，这非常不科学。

如不当服用补品，可能会出现一些不良反应，如出现消化道症状，如上腹胀闷、苔腻、食欲减退、腹泻或便秘等；也会出现呼吸困难、荨麻疹等过敏反应；还会造成机体内分泌功能紊乱，出现性早熟、免疫力降低、智力下降的情况；以及出现牙龈出血、口渴、便秘等其他症状。有的补品中含有某些激素类物质，过量服用会促使小孩假性性早熟，损害孩子的身心健康。如果服用与孩子体质相抵触的补药，还有可能加重病症。

钙对人体的作用

钙是人体的生命之源，是人体含量最丰富的无机元素，总量超过1千克，有人体“生命元素”的美誉。

▶丰富多样的补品

人体中的钙99%沉积在骨骼和牙齿中，促进其生长发育，维持其形态与硬度；1%存在于血液和软组织细胞中，发挥调节生理功能的作用。

钙离子的生理作用决定了它对人类生命活动的重要性：钙离子对血液凝固有重要作用。缺钙时，血凝发生障碍，人体会出现牙龈出血、皮下出血点、不规则子宫出血、月经过多、尿血、呕血等症状。

儿童不宜太补！

补钙过多会致低血压。科学研究表明，儿童补钙过量会造成低血压，并使他们日后有罹患心脏病的危险。疑有佝偻病或缺钙的儿童，应在医生指导下合理补钙。

补锌过量易致锌中毒。儿童缺锌表现为食欲不振，营养不良。补锌过量造成锌中毒，常表现为食欲减退，上腹疼痛，精神萎靡，严重者造成急性肾功能衰竭。因此，儿童补锌一定要在医师检查指导下，确定科学的服用剂量。

戴眼镜会不会越戴越深？

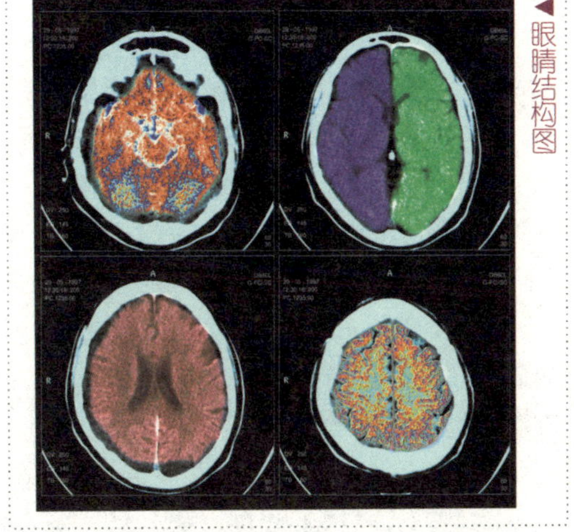
眼睛结构图

有些患者需要配眼镜，但由于对戴眼镜存在顾虑而不敢戴眼镜，怕戴眼镜会使近视加深，怕戴上眼镜摘不掉了。

这种说法是没有科学根据的。配戴合适的眼镜，虽然不能彻底治愈，但也不会损坏眼睛，戴上合适的眼镜，提高了视力，对眼睛有益，对工作和学习有益。

在配镜时，应尽量选择树脂镜片为宜，因为其重量较轻，还可以有效地吸收紫外线，保护眼睛。如果戴上合适的眼镜以后，仍然不注意爱护眼睛或不懂得如何科学地使用眼睛，近视仍然可能继续发展，但那并不是由于戴眼镜的关系。

儿童戴眼镜有助于保护眼睛

如果孩子需要戴眼镜来矫正，只要所配戴的眼镜度数合适，完全不必要担心戴眼镜会不会对他（她）眼睛产生不良影响。除了眼镜本身的重量会对孩子的鼻梁产生一定的压力（可以选择较轻的镜架和镜片来解决这个问题）外，戴眼镜不但可以提高孩子的视力（治疗弱视或一般的屈光不正等），而且可以矫正孩子的不良用眼习惯，比如喜欢歪着头、斜着眼睛看东西，喜欢眯着眼睛视物等。

佩戴隐形眼镜

隐形眼镜不宜天天戴

因为如果佩戴隐形眼镜的时间过长，会导致角膜缺氧，容易引起各种炎症。每天佩戴隐形眼镜的人患角膜炎等眼科疾病的概率是两种眼镜轮流戴的 2 倍多。同时，一些年轻人因怕麻烦，有时隐形眼镜一戴就是好几天，隐形镜片的网状结构被污染物堵住，眼睛“呼吸不畅”，埋下疾病隐患。

隐形眼镜不宜天天戴，每天佩戴隐形眼镜的时间不宜过长，最好控制在 6 个小时以内，一周内最少有 2 天戴框架眼镜。

多看绿色对眼睛有好处

各种颜色对光线的吸收和反射是各不相同的，红色对光线反射是67%，黄色反射是65%，绿色反射是47%，青色只反射36%。由于红色和黄色对光线反射比较强，因此容易产生耀光而刺眼。青色和绿色对光线的吸收和反射都比较适中，所以对人体的神经系统、大脑皮层和眼睛里的视网膜组织比较适应。比如，青色和绿色，不仅能吸收强光中对眼睛有害的紫外线，同时还能减少因强光对眼睛所产生的耀光。

当人在紧张的学习或工作之后，在窗口眺望一下远处葱郁的树木，紧张的神经就会顿觉轻松，眼睛的疲劳也会随之消失。

不要滥用眼药水

有些人当感觉到视力疲劳的时候，常自作主张地自行到药店买回眼药水来滴，以缓解视力疲劳，其实，这是非常不科学的。

在大部分眼药水中，都含有用于杀菌、消除炎症等的药物外，如果不对症，不仅不会起到治疗作用，甚至还会损害视力健康。

另外，部分眼药水中还常常会含有一些激素、防腐剂等物质，如果长期使用还会导致眼压升高，视网膜受损等严重危害。

因此，当我们感觉视力疲劳的时候，除了合理调整用眼时间、注意用眼卫生、平衡膳食结构外，严重时一定要到医院就诊，在医生的指导下正确使用眼药水。

怎样预防近视？

预防近视应采取综合防治措施：一是注意阅读、书写卫生，保持30~35厘米的书眼距离和正确读写姿势；二是避免走路或躺着看书；三是不在光线过强或过弱的地方看书；四是读书持续时间控制在1小时左右；五是持之以恒认真做眼保健操，避免视力疲劳；六是多吃富含维生素的食物。

经常戴耳机不好

▼玩得入了迷

近年来，在校园里、马路上经常可以看到一些人携带随身听或 MP3 听音乐。有的同学在家里为了不影响别人工作、学习，也常戴耳机听收音机或看电视。

能为别人着想，固然是一件好事，但是有一点必须注意：长久戴耳机不但有损听力，还会造成注意力记忆力减退，有的青少年爱戴耳机听音乐，这样容易造成听觉疲劳。微型录放机、电视机耳机，输出的音量一般在 85 分贝左右，这样的音量对耳神经有很大的刺激作用，听久了会造成听力减退。戴耳机后，外耳道被紧紧扣住，高音量直接集中到很薄的耳膜上，听觉神经的紧张，会造成神经系统的紧张，并会引起大脑皮层的疲劳、过度兴奋。

▶忘情地歌唱

青少年正处在身体发育的关键时期，鼓膜中内耳及听觉细胞都比成年人娇嫩，对声音的敏感度较强，而辨别声音的能力却比较差，应注意保护自己耳朵的听觉神经。

用硬物挖耳屎不好

耳屎具有保护外耳道皮肤和黏附灰尘等异物的作用。耳屎在干燥后是可以自行脱落的，用不着刻意挖耳朵。而且外耳道的皮肤比较娇嫩，生怕硬物乱挖。挖耳朵时用力不当，很容易引起外耳道损伤、感染，导致外耳道发炎。

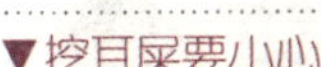
▼挖耳屎要小心

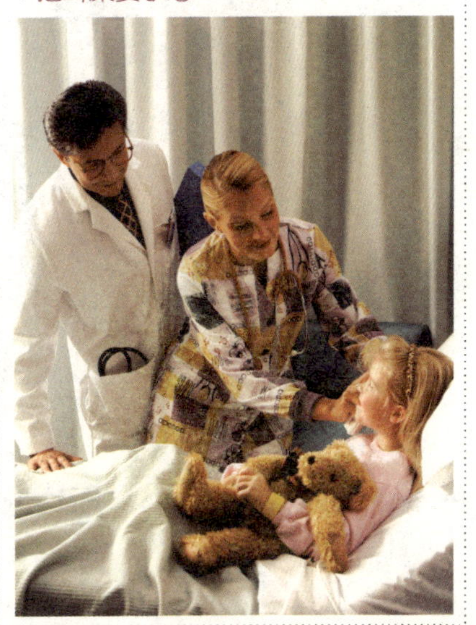

经常挖耳朵容易使毛囊感染，产生脓肿。因其与软骨膜紧连，痛觉十分明显。毛囊感染严重的只能手术开刀放脓。同时，挖耳朵稍不注意，极易伤及鼓膜，影响听力。

为什么很多人都有龋齿？

▶可怕的龋齿

龋齿被世界卫生组织列为心血管、癌症之后的第三大疾病。

龋齿是食物残渣在牙缝中发酵，产生酸类，破坏牙齿的釉质，并形成空洞的现象，症状是牙疼、牙龈肿胀等。现代医学研究认为，微生物、宿主、食物和时间等四种因素共同作用是造成龋齿的主要原因。首先是微生物，主要是指口腔内的变形链球菌。其次是宿主，指的是宿主牙齿抗龋能力的大小，以及牙齿的排列状况（如牙齿排列不整齐、拥挤、重叠等）。再次是食物，如蔗糖是致龋力最强的食物。最后是时间，牙齿从无龋到龋坏形成需要一段时间。

▶医生在仔细地检查

多吃糖果无益

糖并不是一个坏家伙，它可是我们人体内的重要能源。我们日常活动所消耗的能量大部分来自糖类。除了为人体提供热能外，糖还要参与细胞的多种代谢活动，维持神经系统的正常功能，促进蛋白质的合成等多项任务。在智力方面，糖几乎是大脑唯一的燃料，它为大脑持续、稳定地提供能源，可以提高人们的注意力、反应能力、记忆力以及理解能力，在情绪激动时适当吃点糖可以起到改善情绪的作用。虽然糖有千般好处、万种作用，但也不能多吃，吃糖太多，这不麻烦就来了。牙质被破坏多由细菌引起，而糖是细菌繁殖的温床，因此说糖是牙齿的杀手。口腔唾液是可以杀菌的，它在清洁的口腔里能浸润牙齿，保护牙齿。如果经常吃糖果，糖产生的酸和牙齿上的细菌就会侵蚀牙齿，而这时的唾液被阻隔，不能充分发挥杀菌作用。时间长了，牙齿就容易生龋洞（俗称虫牙）。

▶美丽的牙齿『生病了』！

什么样的睡姿最有利于健康？

◀优雅的睡姿

正确的睡觉姿势应该是向右侧卧，微曲双腿。这样，心脏处于高位，不受压迫；肝脏处于低位，供血较好，有利新陈代谢；胃内食物借重力作用，朝十二指肠推进，可促进消化吸收。同时，全身处于放松状态，呼吸匀和，心跳减慢，大脑、心、肺、胃肠、肌肉、骨骼得到充分的休息和氧气供给。

当然，对于一个健康人来说，大可不必过分拘泥自己的睡眠姿势，因为一夜之间，人往往不能保持一个固定的姿势睡到天明，绝大多数的人是在不断变换着睡觉的姿势，这样更有利于解除疲劳。

健康来自睡眠

睡眠是每人每天都需要的，大多数人一生中的睡眠时间超过生命的1/3。但是睡眠的确切定义，随着时代的变迁而有着不同的内涵。最初法国学者认为：睡眠是由于身体内部的需要，使感觉活动和运动性活动暂时停止，给予适当刺激就能使其立即觉醒的状态。后来由于人们认识了脑电活动，因此又认为：睡眠是由于脑的功能活动而引起的动物生理性活动低下，给予适当刺激可使之达到完全清醒的状态。而近些年的研究认为：睡眠是一种主动过程，并有专门的中枢管理睡眠与觉醒，睡时人脑只是换了一个工作方式，使能量得到储存，有利于精神和体力的恢复；而适当的睡眠是最好的休息，是维护健康和体力的基础。长期睡眠不足、失眠可以带来一系列的机体损害，包括思考能力减退、警觉力与判断力下降、免疫功能低下、内分泌紊乱等。

◀良好的睡眠

所以，睡眠是生命活动中不可缺少的重要生理功能，与人类健康关系极为密切，关注生命，关爱健康，就必须关注睡眠，睡眠的好坏是衡量人体健康状况的重要标志。

夏天不能用凉水洗脚

▲脚需要我们精心呵护

在炎热的夏天里，许多人喜欢用凉水洗脚，认为这样可以更好地降温消暑，感觉很舒服。岂不知，在夏天经常用凉水洗脚有损身体健康。

因为人的脚部是血管分支的最远端末梢部位，脚部的脂肪较薄，保温性差，脚底皮肤温度是全身温度最低的部位。

在夏天，如果经常使用凉水洗脚，脚部将进一步受凉遇寒，然后通过血管传导而引起全身的一系列复杂病理反应，最终导致各种疾病。另外，因脚底的汗腺较为发达，突然用凉水洗脚，会使毛孔骤然关闭阻塞，久而久之会引起排汗机能迟钝，诱发肢端的各种疾病。

▶凉水洗脚

什么是足疗？

足疗，是一种非药物疗法，通过对足部反射区的刺激，调整人体生理机能，提高免疫系统功能，达到防病、治病、保健、强身的目的。足部刮痧按摩是足疗的主要方法。

目前国内足疗主要有 3 种形式：1.以足部反射区及若石健康法为主，手法有若石按摩手法和传统中医按摩手法；2.以足部穴位为主，以足部针刺手法为主；3.足部反射区与传统穴位结合，手法亦为上两种手法结合。

▶吹干头发

为什么晚上不宜洗头？

人的阳气在晚上最弱，工作了一天，疲劳不堪，人体抗御病痛的能力降低。晚上洗头，又没有擦干，使水分滞留于头皮，夜而冷凝，时间长了会导致气滞血瘀，经络阻闭，郁疾成患。年深月久，渐觉头顶部明显麻木，伴有头昏头痛，这也是临床大量慢性头痛患者的主要病因之一。预防措施首先得改变晚上洗头的习惯，实在要洗，洗后要擦干，或用电吹风吹干。

不能开灯睡觉

▲宽敞明亮的客厅

生活中有的人喜欢开灯睡觉，在这些人看来，夜间开灯睡觉，心理上有种安全感。这种习惯很不好。

医学科研人员研究证实，入睡时开灯将抑制人体内一种叫褪黑激素的分泌。褪黑激素的分泌，可以抑制人体交感神经的兴奋性，使血压下降，心跳速率减慢，心脏得以喘息，使机体的免疫功能得到加强，恢复疲劳，甚至还有杀死癌细胞的效果。但是，大脑的最大特点是，只要眼球一见到光源，褪黑激素就会被抑制闸命令停止分泌，使得人体免疫功能降低。

◀明亮的灯泡

我们知道，人的眼皮有部分遮住光线的效果，如果戴上眼罩睡觉，让眼球不接触光，即使开灯入睡也不会影响褪黑激素的分泌。可是，一旦灯光大开，褪黑激素的分泌或多或少会被抑制而间接影响人体免疫功能。

人工白昼的危害

人工白昼对人体的危害不可忽视。由于强光反射，使人夜晚难以入睡，打乱了正常的生物节律，致使精神不振。据国外的一项调查显示，有2／3的人认为人工白昼影响健康，84%的人认为影响睡眠，同时也使昆虫、鸟类的生殖遭到干扰。甚至昆虫和鸟类也可能被强光周围的高温烧死。

◀温馨的家居环境

开灯看电视

不少孩子晚上看电视时，喜欢把房间的灯都关上，感觉这样电视屏幕显得亮、清晰。其实这对眼睛是不利的。电视屏幕与周围景物明暗程度的较大差别会增加眼睛的疲劳程度，所以晚上看电视时，不应把灯全部关上，而应让房间保持一定的亮度，比如开一盏3～8瓦的灯，但不要让光线直接照射在屏幕上。

不吃早饭不好

▶丰盛的早餐

▶享受幸福的早餐

现代生活节奏过快，很多年轻人为了早晨多睡一会儿，而挤掉了早饭的时间，这样很不好。

长期不吃早饭容易使人患胆结石。这是因为空腹状态时胆汁分泌减少，胆汁中的胆酸含量也降低，而胆固醇的含量不变，形成高胆固醇的胆汁。如果经常性的空腹时间过久，就会使胆汁中的胆固醇呈现为过饱和状态而在胆囊里析出结晶，产生结石。

此外，经常不吃早饭，还会出现眩晕、记忆力下降、注意力不集中等情况。长期如此，会严重威胁人体的健康。

早餐的重要性

不要以为不吃早餐就可以少吸收热量而减肥，根据营养学家们的证实，早餐是每个人一天中最不容易转变成脂肪的一餐。如果每天不吃早餐只会让午餐吃得更多。日本的相扑选手，就是不吃早餐只吃午餐和晚餐。所以早餐很重要，早餐、午餐和晚餐的比例最好是3：2：1，这样子就能让你在一天内所吃的精华在体力最旺盛的时间内消耗掉。

空腹喝牛奶不好！

从营养方面考虑，空腹饮用牛奶不能很好地吸收其中的营养成分。人体的能量主要来自糖、脂肪和蛋白质三大营养物质，其中糖提供人体所需能量的2/3以上，蛋白质是一种用来修补人体组织的营养素。

▼营养丰富

空腹喝牛奶，蛋白质就会在缺少糖和脂肪的情况下被迫转为能量消耗，而不能起到它更大的营养作用，这是对牛奶极大的浪费。

经常用水泡饭对人体有益吗?

水泡饭

很多人喜欢用水或菜汤泡饭吃，尤其在南方，这已经成了大部分人的生活习惯。

常吃泡饭的人，消化功能会受到很大的影响。吃汤泡饭跟吃饭时喝汤是不一样的，菜汤可以输入水分，增进食欲，并不影响食物的咀嚼过程，而汤泡饭的坏处就在于它减少了咀嚼这个环节。我们知道，食物一定要先经过牙齿的咀嚼，让唾液均匀地搀和到食物中去，才能使淀粉酶充分发挥作用，把淀粉变为麦芽糖，进行初步消化，再进入胃肠。但是，汤泡饭不用细嚼，就直接进到胃里，势必增加胃肠的负担，容易引起胃病。所以，我们应改变吃汤泡饭和水泡饭的习惯。

垂涎欲滴

什么是营养素?

食物中对人体有营养作用的物质，称为“营养素”。它们维持着生命的正常活动和保持人体的正常发育和健康。营养素是食物中能为人体消化和吸收利用的物质，其作用为：可作为能源物质供给人体所需的能量活动；构成和修补人体组织；调节、维持正常的生理功能。人体无论从事什么活动都需要消耗能量，即使在睡眠时，呼吸、循环、分泌等生理活动也不停息，也离不开能量。人们常说“人是铁，饭是钢”，以此说明人体必需从食物中获得能量，吸取养分，以维持生命活动。

香喷喷的米饭

人体必需哪些营养素?

营养学家的研究证明，营养素对人体起着不可替代的作用。营养素存在于食物之中，营养学家通过长期不懈的努力，已经清楚地知道，人体必需的营养可分为七类，即碳水化合物、脂肪、蛋白质、矿物质、维生素、水和膳食纤维（或粗纤维）。

吃蛋糕时吹蜡烛不好

▶温馨浪漫的生日聚会

吃蛋糕，吹蜡烛，已成为很多都市人过生日时的一种生活时尚。吃生日蛋糕时吹蜡烛会给人带来一种温馨、浪漫的感觉，但这种做法会给人的身体健康带来危害。

蜡烛不是食品，不会按照食品的标准加工、包装和运输，被污染后也没有好的办法消毒。而且作为石油副产品的蜡烛，本身就含有对人体有害的物质。这些蜡烛插在蛋糕上，其中的化学成分就会和奶油发生化学反应。蛋糕插上很多蜡烛，要想一口气吹灭就得用力，唾液或其他体液也很可能溅落到蛋糕上，这些分泌物往往含有细菌或病毒，会给吃蛋糕的人的身体健康带来危害。

▶小心唾液噢！

生日蛋糕由来已久

古时候的生日蛋糕只会出现在国王或贵族等重要人物的生日庆典上，普通人，尤其是小孩从来都不用蛋糕庆祝生日。这容易被解释为：只有贵族阶层才有财力举行生日庆典，而且有可能被载入史册被人们记住。一些史学家认为是过生日者要带上生日“桂冠”的习俗引发了这些早期的生日蛋糕庆典活动。后来，庆祝生日必备蛋糕成为世界各地的传统，无论老少贫富都是如此。虽然当今一些国家的生日蛋糕风俗有所雷同，但是每个人庆祝生日用蛋糕的方法都不一样。各地的人们根据各自的宗教信仰和古老的文化传统，在生日食用蛋糕时都有自己的仪式。我国也有用吃面条来过生日的，象征“长寿”之意。

唾液是我们的健康守护神

唾液除了能清洁、保护口腔和消化食物以外，在诊断与防治疾病、维护人体正常功能方面还有着令人瞩目的重要价值。健康人每天由唾液腺分泌唾液约 1000 ~ 1500 毫升，唾液的成分除了 99.4%的水以外，还有钾、钠、钙、磷等多种微量元素和蛋白质、抗体黏液素及各种酶类，这些都是对人体有益的物质。

不要用果汁服药

◀营养丰富的果汁

果汁营养丰富、味道甜美，是小朋友们喜欢喝的一种饮料，有的甚至用来吃药，但这是不对的。

因为在各种果汁饮料中，大都含有维生素 C 和果酸。而酸性物质容易导致各种药物提前分解或溶化，不利于药物在小肠内吸收，影响药效；有的药物在酸性环境中会增加副作用，对人体产生不利影响。

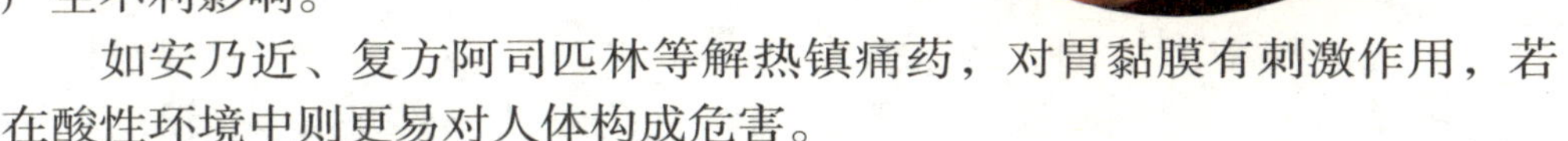

如安乃近、复方阿司匹林等解热镇痛药，对胃黏膜有刺激作用，若在酸性环境中则更易对人体构成危害。

轻者损伤胃黏膜，刺激胃壁，发生胃部不适等症状；重者可造成胃黏膜出血。

因此，药物不宜用果汁或其他酸性饮料送服，以免对孩子造成不必要的伤害。

常喝饮料危害大

果汁饮料：果汁饮料又分成纯果汁饮料和含果汁饮料两种。纯果汁饮料营养成分丰富，极富口感，热量较低适合大多数人，但是夏天纯果汁饮料很容易发生变质，保存时一定要注意。

含果汁饮料是由一定纯果汁和色素及糖和水配出来的，其中人工色素的危害不容忽视，特别是儿童经常喝含有人工色素的饮料危害很大，因为含果汁饮料糖分较多，经常喝也会导致肥胖症。

◀味道甜美的果汁

不能用茶水送药

吃药时，只能用温开水送服，而不能用茶水送服。这是因为茶水中有鞣酸，如果与药物同服，会使药与其发生化学变化。

茶叶中还含有咖啡碱、茶碱、可可碱等成分，具有兴奋高级神经中枢、强心、利尿、刺激胃酸分泌等作用。

如果病人服用镇静剂，茶中成分和药中成分会发生对抗作用，影响药效的发挥，因此，不能用茶水送药。

药片是五颜六色的

▶五颜六色的药片

如果你留心观察，会发现药店里的药片不都是白色的，而是五颜六色，有红的、黄的、绿的、蓝的、棕色的，等等。

药片的外衣有个学名，叫包衣。制作包衣的材料是不同的，所以颜色也各不相同。

包衣的种类和作用也不同，可以分为糖衣、薄膜衣、肠溶衣等几种。前两种药物是在人的胃中溶解的，才能充分发挥药效。肠溶衣使用了特殊材料，能够不被胃液中的酸和酶所溶解，当这种药到达碱性环境的肠腔以后，才开始溶解和被人体吸收。药片选择哪种包衣，要根据治病的需要来决定。

▶切莫乱服药

变了颜色的药片不要吃

药片在存放过程中，如保管不当或存放过久就会变色，这时药片中的药物往往已发生了化学反应，产生了其他物质，或疗效下降，这时药片就不能吃了。例如，维生素片遇日光、酸、碱、空气、受热，颜色会变成深黄色，这表明它已被氧化，已从有生理作用的维生素 成了无生理作用的古洛糖酸了。糖衣片的糖衣遇热、遇湿也会变色，这时如果包衣里面的药片色泽无变化，味道没有异常仍可服用；若变色已影响到内部药物，或已潮解，则不能再服用了。

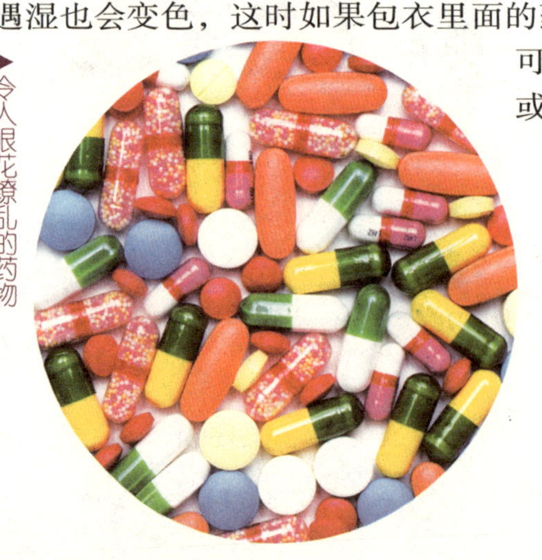

▶令人眼花缭乱的药物

忌给孩子乱服药

有些家长为了使孩子强壮，盲目地给孩子吃营养药。比如，怕孩子消化不好，就经常给孩子吃助消化药，或随便大量服用鱼肝油，结果非但没有使孩子强壮起来，反而造成自身正常分泌功能下降，或出现药物中毒性反应。

饭前饭后不宜多喝水

▶水是生命之源

水是我们身体不可缺少的成分，人几天不吃饭还能挺得过去，没有水分，生命活动就停止了，补充水分很重要。

饭前饭后半小时最好不要喝大量的水，以免冲淡胃液，稀释胃酸，损害消化功能。专家提醒，正常人每天应摄入水在 2 升左右，尽量少喝冰水、凉水，最好是喝温开水，但要分几次补充，每次喝水的量应在 200~300 毫升左右。早晨起床后最好喝一杯，促进胃肠蠕动，利于排便。

▼饭前不要喝大量的水

淡化海水的方法

海水经过淡化处理后是可以饮用的。海水淡化的方法有几十种，最主要的有蒸馏法、电渗法、冷冻法、膜分离法等。蒸馏法是目前应用最多的方法，这种方法是先把水加热、煮沸，使海水产生蒸汽，再把蒸汽冷凝下来变成蒸馏水。

每天喝水的最佳时刻

1.早上起床后：早上起床身体可能会脱水，因为已经有一段时间没有补充水分。这时，先喝一杯水，让身体开始重新运作。

2.运动后：虽然我们不是运动员，运动量没有那么大，但不管做什么运动，甚至是打扫房间之后，都应该喝水。

3.发烧感冒时：这时要多喝水，以补充因体温上升而流失的水分。

4.空调环境中：在有空调的环境中工作，尤其需要补充水分。

5.节食减肥时：节食减肥时，更需要喝水，以维持体内水分平衡。

▶清凉可口

吃生的或半熟的鸡蛋为何不好？

营养丰富的鸡蛋

鸡蛋要煮熟

有人说吃生鸡蛋或半熟的鸡蛋更加有营养，于是人们争相效仿，故意把鸡蛋煮得半熟，其实吃这样的鸡蛋是不好的。

鸡蛋是一种营养很丰富的食物，但由于鸡蛋的蛋白质中含有抗胰蛋白酶，这种物质能阻碍蛋白质在人体内的消化吸收，必须先将其破坏掉，而在生鸡蛋和半熟的鸡蛋中，这种酶没有被破坏或是没有完全被破坏，人吃后，蛋白质根本不能被消化吸收，达不到营养身体的目的。

另外，在生鸡蛋或半熟的鸡蛋中，细菌有可能没有被杀死或没有被完全杀死，吃后容易感染疾病。

因此，还是应吃熟鸡蛋，尤其是在有禽病疫情发生时，更应将鸡蛋煮熟了再吃。

你会鉴别鸡蛋是否新鲜吗？

看：好蛋外壳新鲜，有一层白霜。如果是孵过两三天的无精蛋，外壳发亮，气孔大。霉蛋外壳有灰黑斑点。臭蛋外壳发乌。

摸：新鲜蛋拿在手中发沉，有压手感。退孵蛋光滑，分量轻飘。贴皮蛋和霉蛋外壳发涩。

听：蛋与蛋拿在手中相互轻碰，好蛋所发出的声音沉实，似碰击砖头声，气孔大的蛋有空洞声；裂纹蛋发出“啪啪”声；贴皮蛋和臭蛋似敲瓦片声。大多数臭蛋和散黄蛋晃动时，会发出响声。

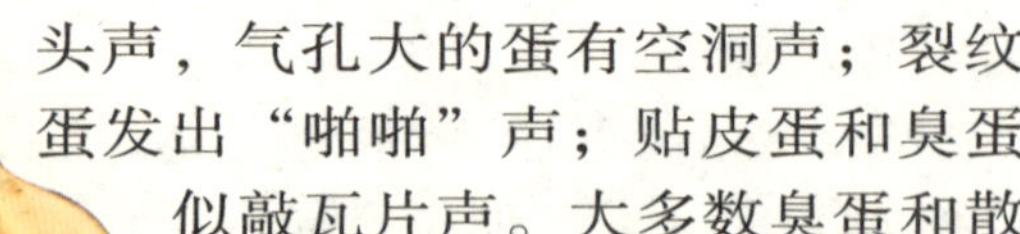

照：可采用日光和灯光对蛋进行照视，好蛋透亮，臭蛋发黑，散蛋如云彩，贴皮蛋局部发红或发黑，腐败蛋模糊不清，热伤蛋的蛋黄膨胀。

茶叶蛋

颜色深的蔬菜营养高吗？

▶颜色多样的蔬菜

不同的蔬菜营养价值有所不同，现实生活中，人们往往将价格、味道、口感等作为选择的标准，其实都不太科学。

判断蔬菜的营养价值高不高，主要看里面含有多少维生素、微量元素、纤维素、对人体有益的活性成分等。科学家在分析各种蔬菜的营养成分后，发现一个规律：蔬菜的颜色越深，营养价值就越高；颜色浅的则营养价值比较低。其中，按绿色、黄色、红色、紫色、白色这一顺序，营养价值依次降低。即使是同一品种或同一蔬菜的不同部位，由于颜色不同，维生素含量也不同。

怎样选择新鲜蔬菜？

番茄——果蒂硬挺，且四周仍呈绿色的番茄才是新鲜货。

黄瓜——刚采收的小黄瓜表面上有疣状突起，一摸有刺，是十分新鲜的。颜色浓绿有光泽，再注意前端的茎部切口，感觉嫩绿、颜色漂亮才是新鲜的。

洋白菜——叶子的绿色带光泽，且颇具重量感的洋白菜才新鲜。切开的洋白菜，切口白嫩表示新鲜度良好。切开时间久的，切口会呈茶色，要特别注意。

茄子——深黑紫色，具有光泽，且蒂头带有硬刺的茄子最新鲜。

香菇——菇伞为鲜嫩的茶褐色，肉质具有弹性，才是新鲜的香菇。

蔬菜是个宝！

蔬菜是人体重要的营养来源，含维生素A、维生素B、维生素C、胡萝卜素、蛋白质、钙、磷、铁、锌、硒及丰富的纤维素，这些营养物质对人的生长发育十分重要。绿叶蔬菜中的大量维生素C能预防坏血病；维生素A保护视力，维持呼吸道上皮细胞的正常代谢，减少呼吸道感染；钙是骨骼和牙齿发育的主要物质；铁可促进血色素的合成，刺激红细胞发育。

▶多吃蔬菜

彩色小食品有益于健康吗？

◀美味的汉堡

食品厂商为吸引儿童，将各种小食品装扮得“花枝招展”，儿童对这种彩色小食品仿佛有一种天然的亲切感。

“彩色食品”对儿童健康成长不利。这些披着彩色外衣的食品中往往掺有过量的调色剂、甜味剂等，给人体健康带来极大危害。据了解，调色剂广泛采用人工合成色素，长期在人体积累会对儿童健康成长不利。儿童的肾脏调节功能尚未发育完全，色素在体内会消耗解毒物质和干扰正常代谢功能，使糖、脂肪、蛋白质等代谢过程受到影响，从而导致腹泻、腹痛等症状。专家提醒说，儿童食用“彩色食品”要谨慎。

吃零食要讲究科学

1.少吃或不吃有重糖、重油及添加剂多的食物，如炸薯条、薯片、奶油多的巧克力、冰淇淋、饼干等，可选用牛奶、豆浆、面包、水果、核桃、葡萄等较有营养的食物作为孩子的零食。从这些食物中可摄取到维生素、铁、钙等营养素，有利于孩子的健康。

2.吃零食要限量定时，养成固定时间吃零食的习惯。上午宜给一些牛奶、豆浆、面包、蛋糕或饼干等高热量的食物，午睡后宜喝点白开水。下午给一些水果，晚上睡觉前喝一杯牛奶。

父母只要用点心思，为孩子提供一些丰富、营养且味道不错的零食，对孩子的健康是非常有益的。

乱吃零食不是好习惯！

“零食”是指不定时、不定量、随意增加的额外饮食。小朋友们吃了零食后，到吃饭时，食欲就会减退，因此也就减少了正常营养的供给。另外，儿童吃零食对牙齿的健康也有很大的影响，特别是10岁以前牙齿正处在发育阶段，如果营养不良，牙齿的发育就会受到影响。常吃含糖量较高的甜食，再不注意口腔卫生和牙齿保健，就会导致蛀牙的发生。

▼各类食品琳琅满目

公用电话容易传播疾病

▲打电话的人们

天气转暖，形形色色的细菌和病毒也渐渐活跃起来。在接触到不洁物体后，人们都会想到洗手。

公用电话平时使用人群范围广、频率高，并且大家的健康状况也各不相同，其中就包括一些可能患有传染病的人员，时间一长，电话机上就会带有许多细菌、病毒，从而互相感染引发各种疾病。打电话时，要防止病从口入，说话时，话筒离开一点，以免流行感冒、肝炎等易传播的疾病通过话筒传染给自己。触摸完了公用电话以后要尽快用流动水洗手。没洗手之前，不要吃东西或抠鼻子、抹眼睛等，以避免细菌的交叉感染。

◀排队打电话

什么是公共场所？

公共场所是指人群经常聚集、供公众使用或服务于人民大众的活动场所，是人们生活中不可缺少的组成部分，是反映一个国家、民族物质条件和精神文明的窗口。公共场所人口相对集中，相互接触频繁，流动性大；设备物品供公众重复使用，易污染；健康与非健康个体混杂，易造成疾病特别是传染病的传播。

细菌都是坏蛋吗？

细菌也有好和坏之分，人体的肠道中含有大量的细菌群，帮助消化道进行分解、消化等。肠道中的细菌有好坏之分，彼此抗拒，造成平衡均势。但如果人体在饮食不当、生活压力过大、服用药物等因素的影响下，会使有害菌占据优势，从而引起消化道的不适，如腹泻、便秘、胀气、消化不良、吸收不好、口臭等。因此，保持健康，首先要保持肠道中益菌的优势。那些会让人生病的病菌，才是细菌中的坏蛋。

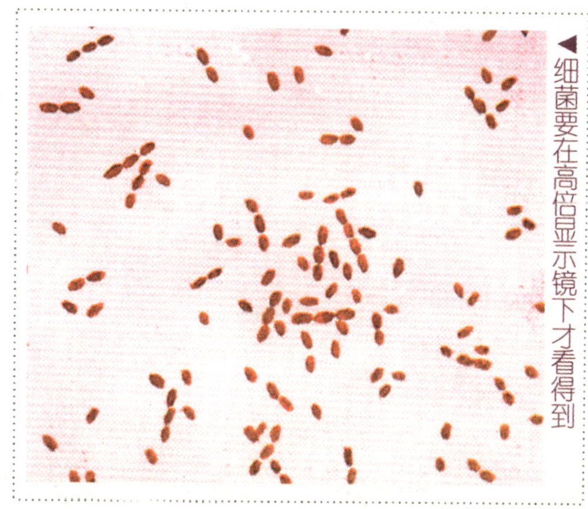

◀细菌要在高倍显示镜下才看得到

刚装修完的房子不能马上住

▼新居落成

随着社会的进步，人们对居住的要求也越来越高了，在有了新居之后，一般都要进行装修。但刚装修完的房子不能马上去住。这是因为装修污染。

由于新居装修完之后未能很好通风，使各种污染物质，如建筑材料中的氡、氨，尤其装修材料中甲醛、苯等有害物质在室内挥发滞留，对人体造成危害。

所以，装修完的新居不要马上入住，最好进行一段时间的通风，并在室内放些绿色植物，有条件的最好请检测部门检测一下各种污染指标是否超标，确认安全后再放心地住进新居，以免被装修污染这个“隐形杀手”击倒。

远离甲醛自我防护

世界卫生组织于 2004 年 6 月 15 日发布新闻公报指出“甲醛是人类致癌物”。

有专家指明：“目前，居室甲醛的标准，小于等于 0.08 毫克 / 立方米，考虑刺激作用；公共场所甲醛标准小于等于 0.1 毫克 / 立方米，考虑刺激作用；职业场所甲醛标准小于等于 0.5 毫克 / 立方米，既考虑致癌作用，也考虑了安全系数；有可能致癌的（针对敏感人群而言）空气甲醛浓度，装修污染最低应该在大于等于 1.0 毫克 / 立方米，而这种高水平的室内空气甲醛在现在装修的房屋中已经较为少见了。另外，室内气温升高，对增加室内甲醛污染源释放是一个很重要的因素，通风量下降也有可能使室内甲醛浓度水平上升，最终增加空气甲醛对人体的致癌危险性。”

装修污染误区

1.放置菠萝：菠萝会挥发香气，起到一定遮盖气味的作用，但并不能分解清除有害物质。

2.过分依赖植物：一些观赏植物确实可以吸收某些有毒气体，但它们所起作用相当有限，它们微弱的吸收作用不但不能清除污染，甚至自身的健康都难保。

3.放置茶叶根：茶叶根在这方面的功效就像干树叶和卫生纸一样，几乎没有任何吸收和分解作用。

4.臭氧发生器：臭氧虽具有灭菌、消毒作用，但对人体有害也是医学上的定论。

5.完全依赖短期的通风处理：因为多数有害物质会缓慢释放，长达 3~15 年，绝非几个月通风换气就能解决问题。

何谓空调病？

夏季，在有空调的房间里工作、学习时，是一件十分惬意的事情，但在使用空调的背后，稍不注意，就能惹病上身。

空调房间与室外的温差较大，如果人们经常进出空调房间，就会引起咳嗽、头痛、流鼻涕等感冒的症状。

在盛夏季节，如果在空调房间温度调得较低的地方呆得时间过长，又遇衣着单薄，就会引起或关节酸痛，或颈僵背硬，或腰沉臀重，或肢痛足麻，或关节僵痛，或头昏脑涨，或肩颈麻木。

如果在空调房间呆得太久，由于空气不好，容易使人头晕目眩。这些症状就是空调综合征，俗称空调病。

如何防治空调病

夏季，出汗比较多，有汗时进空调房，切记应先换掉湿衣，擦干汗水。切勿立于空调风口图一时痛快。同时要经常开窗换气，以确保室内外空气的对流交换，开机 1～3 小时后关机，然后打开窗户将室内空气排出，使室外新鲜气体进入。要多利用自然风降低室内温度。使用空调器的房间应保持清洁卫生，减少疾病的污染源。

正确使用空调的方法

进入有空调的房间后，不要急于打开空调，首先用毛巾擦干身上的汗水，然后合理地设定室内温度，不宜过低或过高。

另外，使用空调的时间不能太长，最好在使用 2 小时以后开窗换气，降低室内有毒气体的浓度。

夏季使用空调器时，内机应选择接近水平方向送风，这样有利于使整个房间的温度尽量达到均衡，且能在一定程度上减少不必要的能量损失。

▲空调

▲立式空调

▼直冷式坐吊机系列

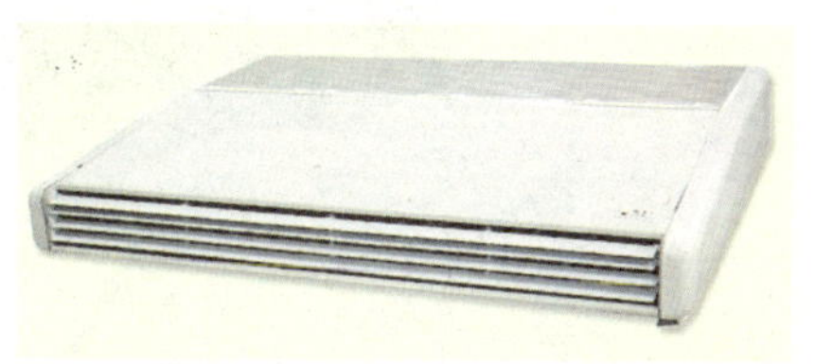

噪声的危害

交通带来的噪声

声音有乐音和噪声之分，乐音给人带来美的享受，而噪声却可能对人体造成伤害。而且危害是多方面的，听觉器官首当其冲。噪声强度越大，对听力损伤越重，病人可出现耳鸣、听力减退，甚至于造成噪声性耳聋。

人们长期在噪声刺激下工作和生活，对身体各部位都造成不良影响。

长期置身强噪声环境，还可引起大脑皮质、交感神经系统、心脏、内分泌及消化系统等组织器官的功能紊乱。如在强烈的噪声环境中进食，胃肠黏膜的毛细血管发生极度收缩，正常供血受到影响，消化腺的分泌和肠道的蠕动也会减弱，从而出现食欲不振、恶心、消化不良等现象。

讨厌的噪声，我要疯了！

什么是噪声性耳聋？

高强度的脉冲噪声瞬间就可使人耳聋，长期的强噪声刺激则引起噪声性耳聋。噪声性耳聋是由于长期呆在噪声环境中所发生的一种进展缓慢的感音性耳聋。

什么是噪声和噪声污染？

噪声是在一定环境中不应有而发生的声音。泛指嘈杂、刺耳的声音，旧称噪声。

噪声污染是指干扰人们的休息、学习和工作的声音所造成的环境污染。它多由机械振动或流动运动引起。在安静环境中，约 30 分贝的声音就是噪声，超过 50 分贝就会影响睡眠和休息，90 分贝以上则会损伤人的听觉，影响工作效率，严重的可致耳聋或诱发其他疾病。

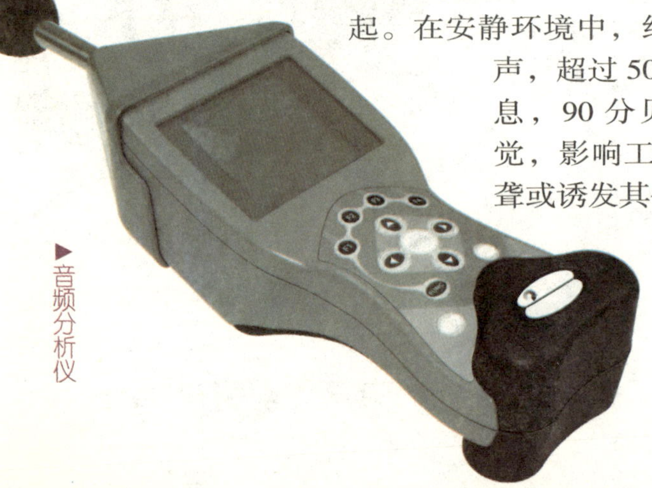

音频分析仪

室内养花是否越多越好?

室内花香四溢

为了让室内空气更加清新，芳香四溢，很多人在室内养了很多花，以改善和美化室内环境。

其实这样做是不对的，有些花不适宜在室内养，如果选择不好还会造成室内空气污染呢。室内最适宜选择四季常青的花木，不宜养如夹竹桃类的花，它的花香能使人昏睡、智力降低；室内也不宜养“相克”花，否则会造成植株死亡。如玫瑰和木犀草在一起，木犀草就会凋谢，而且在它凋谢之前还会释放出一种有毒物质令玫瑰“中毒身亡。”病人室内不宜养花，花盆中的泥土产生的真菌孢子会扩散到室内空气中，会引起人体表面或深部感染，这对体质不好的患者来说，如雪上加霜。

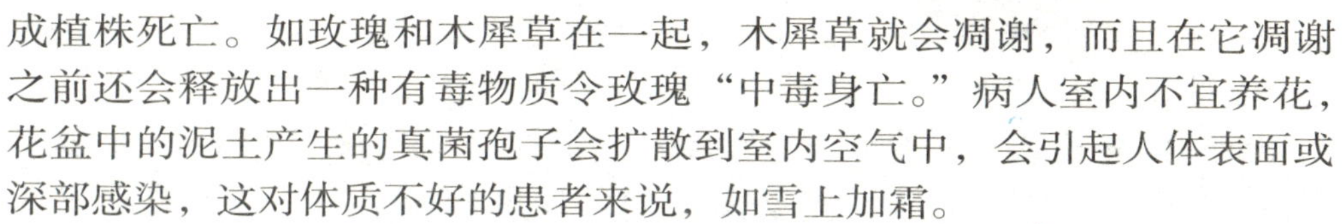

因此，养花也要讲究科学，不要单纯地追求越多越好。

有毒的花卉

1.黄杜鹃，植株和花内均含有毒素，如果误食就会中毒。2.夹竹桃，枝、叶及树皮中均含有夹竹桃甙，误食几克重的干物质就能引起中毒。3.水仙，鳞茎内含有拉可丁，误食会引起肠炎、呕吐。叶和花的汁液能使皮肤红肿。4.含羞草，体内含有含羞草碱，过多的接触会引起人的毛发脱落、眉毛稀疏。5.仙人掌类植物，刺内含有毒汁，人体被刺后易引发皮肤红肿疼痛、搔痒等过敏症状。

花草也能致癌吗?

是的。在我国城市里常见的花草树木中，迄今已发现约有50多种花木可致癌，能致癌的植物大多属于大戟科和瑞香科，其中，铁海棠、乌柏、红背桂花、变叶木、火殃乐、金果榄等一些具有观赏性的花木均含有致癌物质。在种植这些植物的土壤里及产于这些土壤中的蔬菜和当地产的蜂蜜中，均含有致癌病毒和化学致癌物的激活物和促癌物。

海市蜃楼的出现

►海市蜃楼

在平静无风的海面、江面、湖面、雪原、沙漠或戈壁等地方偶尔会在空中或“地下”出现高大的楼台、城廓、树木、湖泊等幻景，我们称这种现象为海市蜃楼。

“海市蜃楼”是一种光学现象，是光在密度不均匀的空气中传播时，发生折射和全反射而产生的。夏天，贴近海面的下层空气比较稠密，有时温度比上层低，对光的折射比上层大，海面上的空气可以看成是由折射不同的许多层气体组成的。远处的山峰、船舶、楼房、人等反射出来的光线射向空中时，由于不断被折射，越来越偏离竖直的方向，以至到后来，光线不再折射，全部反射回地面。人们逆着光线看去，就会看到远方的景物悬在空中。

什么是海滋现象？

海滋是类似于海市蜃楼的一种大气光学现象。当接近海面的空气呈高密度低温状态时，低空海面生成密度较大的“水晶体空气层”，光线透过发生折射或全反射，导致海上岛屿影像发生畸变，形成海滋。海滋、海市、平流雾，被誉为海上三大自然景观。2006 年 5 月 7 日 11 时 40 分至 16 时，在“人间仙境”山东蓬莱海滨、蓬莱阁和八仙渡景区以东海域上空出现极为罕见的海市蜃楼奇观，并伴有海滋现象发生。海市和海滋奇观同现为历史首次，而且两种海上奇观为历史上规模最大、持续时间最长、最为清晰的一次。5 月 7 日上午 9 时，蓬莱海滨薄雾渐退，海平面上空出现乳白色带状云雾，蔚为壮观。从 11 时 40 分开始，海平面上呈现海滋现象：远处，长山列岛开始变幻万端，只见海中岛屿两头翘起，变幻成海龟、军舰、大桥、鲸等各种形状，从大海深处徐徐飘来，时隐时现，不断变幻形状。同时，长山列岛之间原本空旷的海面上，出现了多个奇形怪状的墨绿色海岛，海岛不断变幻，似蘑菇、似树桩、又似轮船……霎时蓬莱阁东部海域上空出现一道天幕，海市蜃楼奇观呈现在人们面前，如同一幅繁华美丽的城市美景，极为清晰壮观。

►荒无人烟的沙漠

为什么天空中会同时出现几个太阳?

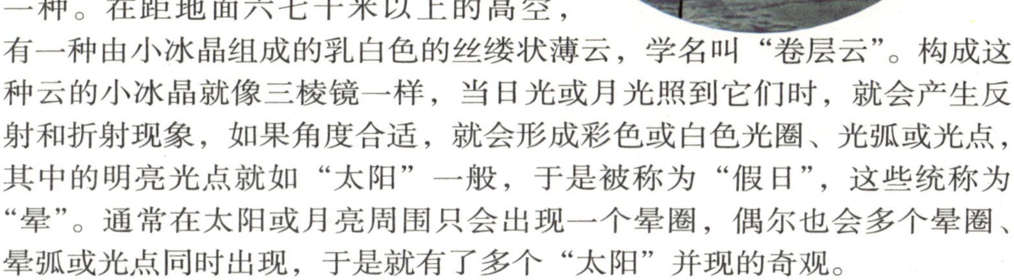

雨后的天空

中国古代有后羿射日的神话传说，在现实生活中也曾有天空中几个太阳同时出现的奇观，如 1934 年 1 月 22 日至 23 日在陕西西安七日并现，1971 年 5 月 5 日 9 时 03 分在小兴安岭同时出现了 10 个太阳。

其实，这些并现的太阳中只有一个是真太阳，其他都是假太阳。假太阳又称“假日”或“幻日”，是晕的一种。在距地面六七千米以上的高空，有一种由小冰晶组成的乳白色的丝缕状薄云，学名叫“卷层云”。构成这种云的小冰晶就像三棱镜一样，当日光或月光照到它们时，就会产生反射和折射现象，如果角度合适，就会形成彩色或白色光圈、光弧或光点，其中的明亮光点就如“太阳”一般，于是被称为“假日”，这些统称为“晕”。通常在太阳或月亮周围只会出现一个晕圈，偶尔也会多个晕圈、晕弧或光点同时出现，于是就有了多个“太阳”并现的奇观。

晕与天气有关系吗?

晕与天气有一定的关系，民间谚语有“日晕三更雨，月晕午时风”。如果某地有晕出现，表示这里正处在气旋的前端，距地面暖锋约几百公里。随着地面锋的移近，云层愈来愈低，风力逐渐增强，并出现降水。但如果只是气旋边缘经过，则不一定有雨，只是云层增厚，风力增强，风向改变。此外，在台风季节，低纬度地区天空有卷层云并有晕出现时，可能是台风将至的征兆。

落日奇观

为什么会出现“东边日出西边雨”？

▶黄昏美景

“东边日出西边雨，道是无晴却有晴。”这首以“晴”喻“情”的名句脍炙人口。

原来，这种现象在气象上称为降水量水平分布的不连续性。特别在夏季，尤为突出。夏季降水水平分布的这种差异，主要与产生降水的云体特点及下垫面（指地形、地貌等因素）性质有关。在夏季，产生降水的云多为雷雨云，由于云体较小，在它移动和产生降水时，只能形成一狭小的雨区。而雷雨云含水量大，降水效率又较高，因此容易造成雨区内外雨量分布的显著差异。所以，人们有时会发现，此时此处有雨，不远的彼处却是晴天。

长沙发现“方形太阳”！

长沙一名初三学生无意间看到一种奇特的天象：天上的太阳竟然是“方”的。于是，他拿起随身携带的数码相机拍摄了下来。这种罕见的现象最早在1933年被美国的查贝尔在海边拍到过，1978年日本人掘江谦也曾拍下来过。这种奇观的成因目前尚无定论：有的专家认为是空气折射造成的，一般发生在夏秋季节的落日时；也有人认为这是一种海市蜃楼的虚幻景象。究竟是哪种说法，有待科学家进一步研究。

◀雨后的太阳

▲令人叹为观止的景象

火烧云是如何形成的？

火烧云

清晨，太阳刚刚出来的时候，或者傍晚太阳落山的时候，天边的云彩常常是通红的一片，像火烧的一样，人们把这种通红的云叫做火烧云。那么，火烧云是怎样形成的呢？

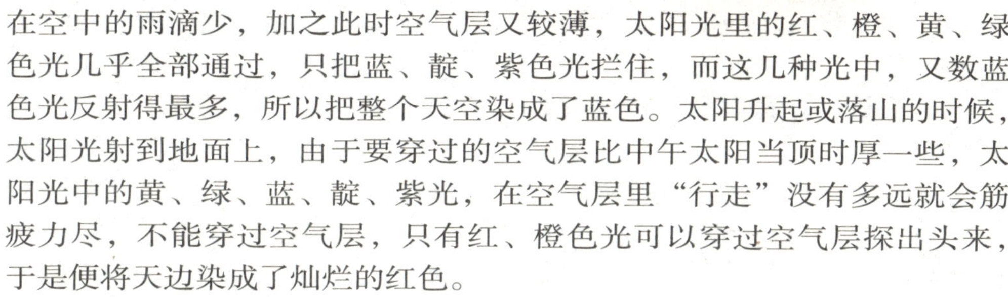

太阳是由红、橙、黄、绿、蓝、靛、紫七色光混合成的。红光穿过空气层的本领最大，橙、黄、绿光次之，蓝、靛、紫光最差。中午，天上没有云的时候，悬在空中的雨滴少，加之此时空气层又较薄，太阳光里的红、橙、黄、绿色光几乎全部通过，只把蓝、靛、紫色光拦住，而这几种光中，又数蓝色光反射得最多，所以把整个天空染成了蓝色。太阳升起或落山的时候，太阳光射到地面上，由于要穿过的空气层比中午太阳当顶时厚一些，太阳光中的黄、绿、蓝、靛、紫光，在空气层里“行走”没有多远就会筋疲力尽，不能穿过空气层，只有红、橙色光可以穿过空气层探出头来，于是便将天边染成了灿烂的红色。

天上的云是从哪儿来的？

在太阳的照射下，地面的水蒸发成水蒸气。地面晒热后，空气的温度也会升高。空气一热，容纳水蒸气的能力增大，体积增大，重量相应地减轻，于是开始上升，但天空是离地面愈高温度愈低，这样一来，空气里的水蒸气不仅会慢慢达到饱和，还会有一部分水蒸气凝结成小水滴或小冰粒。无数的小水滴和小冰粒聚积在一起，就成了云。

极光是一种什么现象?

▶光芒四射

我国史书对极光这一现象早有记录，并且对极光的色彩进行描述，常用的词汇有火、红、白、青、黄、青气、黄气、赤气、苍云、青龙、黄龙、赤龙等。

极光是出现在高纬度高空的一种瑰丽的彩色光象。通常呈带状、弧状或放射状。极光是由于太阳发出的高速带电粒子因地球磁场作用而折向南北两极附近，使高空中的空气分子或原子激发而产生的一种光学现象。极光的出现与太阳活动密切相关，太阳活动越剧烈，极光出现的次数越多，也越亮。

极光只出现在南北两极附近的高纬度地区，在北方的叫北极光，在南方的叫南极光。极光的出现往往非常突然，而且形状千变万化，颜色也变化多端，极光通常是黄绿色，有时也出现青白色、红色、灰紫色、蓝色等。

极光的形成

主要是由于太阳的带电微粒发射到地球磁场的势力范围，受到地球磁场的影响，从高纬度进入地球的高空大气，激发了高层空气质粒而造成的发光现象。

地球是一块巨大的磁石，而它的磁极在南北两极附近。指南针总是指着南北方向，就是因为受了地磁场的影响。从太阳射来的带电微粒流，也要受到地磁场的影响，而且使带电微粒流聚集在磁极附近。所以极光大多在南北两极附近的上空出现。

极光有哪些种类?

人们按形态特征将极光分成五种：一是底边整齐微微弯曲的圆弧状的极光弧；二是有弯扭折皱的飘带状的极光带；三是如云朵一般的片朵状的极光片；四是像面纱一样均匀的帐幔状的极光幔；五是沿磁力线方向的射线状的极光芒。

▲极光夜空中的英仙座流星雨

流星雨是怎样形成的?

▼流星和陨石

在各种流星现象中，最美丽、最壮观的要数流星雨了，它总是能引起人们的无尽遐想。尤其是近几年，我国境内多次出现流星雨现象，更是引起人们极大的关注。

形成流星雨的根本原因是由于彗星的破碎。彗星主要由冰和尘埃组成。当彗星逐渐靠近太阳时冰气化，使尘埃颗粒被喷出母体而进入彗星轨道。但大颗粒仍保留在母彗星的周围形成尘埃彗头；小颗粒被太阳的辐射压力吹散，形成彗尾。剩余物质继续留在彗星轨道附近。因此，在下次彗星回归时，小颗粒将滞后于母体，而大颗粒将超前于母体。当地球穿过尘埃尾轨道时，我们就有机会看到流星雨了。

◀猎户座流星雨

七大流星雨

1.狮子座流星雨；
2.双子座流星雨；
3.英仙座流星雨；
4.猎户座流星雨；
5.金牛座流星雨；
6.天龙座流星雨；
7.天琴座流星雨。

周期流星——流星雨

天琴座流星雨、宝瓶座流星雨、狮子座流星雨、仙女座流星雨……。中国在公元前687年就记录到天琴座流星雨，“夜中星陨如雨”，这是世界上最早的关于流星雨的记载。流星雨的出现是有规律的，它们往往在每年大致相同的日子里重复出现，因此它们又被称为“周期流星”。

太阳风是太阳刮的风吗？

我们经常能够在科技文献或是科幻小说中看到“太阳风”一词，这个充满神秘感的词语引起人们的无尽遐想。

其实，太阳风完全不同于我们地球上由于空气流动而形成的风。它指的是从太阳大气最外层的日冕向空间持续抛射出来的物质粒子流，它的得名与彗星有关。人们通过观测发现彗星离太阳越近，彗发就越明显，彗尾就越长，于是开始猜测，也许太阳会放射出一种类似于风的东西，对彗星产生影响。1958 年，美国人造卫星上的粒子探测器，探测到了太阳上有微粒流从日冕的冕洞中发出，因此美国科学家帕克将其命名为太阳风。

▲彗星，太阳风的得名与其有关

太阳也会挤青春痘

当太阳挤青春痘流血时的现象，我们称之为日珥。日珥有两种，一种是爆发型日珥，从太阳表面突然喷发出来后消失。另一种是静止型日珥，它突出太阳表面久久不落下。我们在日全食发生时也可以看见粉红色的日珥在太阳边缘跳跃呢！

▼来自活跃太阳的炽热电浆，被纠结的磁场带到太阳的上空，形成壮观的日珥爆发

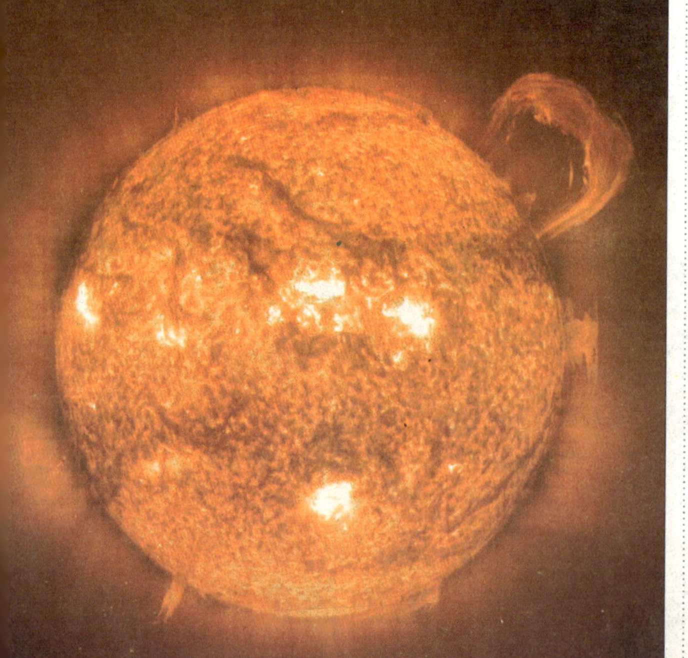

太阳风有哪几种？

太阳风分为两种，一种是“持续太阳风”或称“宁静太阳风”，即射流速度比较小，而微粒含量也不大的太阳风。这种太阳风通常对地球的影响不大。另一种是“扰动太阳风”，即在太阳活跃时期喷射出的粒子流。这种太阳风会对全球卫星通信造成障碍，甚至使通信中断。而对于飞机的飞行以及人造卫星而言，这样的通信故障有时候会带来灾难性的后果。

月亮圆缺会影响地球气候吗？

月亮是地球的伴侣，月球距离地球38万多千米，是地球直径的30倍。

科学家根据卫星资料揭示，月相的变化可能会造成大气底层温度约0.03℃的起伏涨落，被称之为“气候潮”。满月（农历十五）前后，月球被太阳照亮的半球面向地球，日出月落，日落月出，全球日平均温度升至最高；新月（农历初一）前后，月球位于地球和太阳之间，月球背向地球，新月与太阳同升同落，全球日平均温度降至最低；在全年气候变化曲线上，不仅叠加有与月球朔望周期（26.53天）相一致的波动周期，还有一个约15天的周期变化清晰可辨。

地球的磁场变化对气候的影响

我们生活的地球有一个很大很强的磁场，磁层从地心开始向上有7～8万千米。由于地球磁场的影响，强大的太阳风和来自宇宙的射线均被阻挡，而且地球四周的大气层亦被封闭在这个星球上，不至于因为太阳紫外线的辐射而逃逸，从而保护了地球上的万物生灵。

可是，地球是一个偶极磁场，两极的磁性是在变化的。有时候南磁极在南，北磁极在北，有时候则相反。有些科学家认为，正是地球磁场的变化，导致了气候的恶化。近20年来，各种严重的自然灾害发生率增长了80%，与地球磁场逐渐减弱有关。磁场磁力变小，使得宇宙射线长驱直入，从而导致气候变化，对人类的生存构成威胁。对此，科学家们正在加紧研究，寻求对策，以保护人类自身的生存。

什么是月相？

月球在环绕地球作椭圆运动的同时，也伴随地球围绕太阳公转，每年一周。月球不但处于地球引力作用下，同时也受到来自太阳引力的影响，所以具有十分复杂的轨道运动。月球本身不发光也不透明，但能反射太阳光。由于日、地、月三者的相对位置不断变化，因此，地球上的观测者所见到的月球被照的部分也在不断变化，这叫月相。

月亮绕地球旋转会掉下来吗？

▲地球与月亮

我们用一根绳子拴住一块石头，绳子的另一头用手拿着挥动，如果不放手，石块是不会飞走的。月亮绕着地球转，正和石块绕着我们的手转动一样，当然月亮和地球之间，并没有什么绳子把它们连在一起，联系它们的“绳子”，是无形的万有引力。月亮在不停地转动着，地球的吸引力虽然拚命要把月亮拉到地球上来，可是月亮转动的速度快，克服了地球对它的吸引力，所以月亮才能老是绕着地球转而不飞走，也不掉下来。

地球那一面的人不会掉下去？

在宇宙万物中，任何物体彼此之间都存在着相互作用的引力。地球是个大圆球，地球与地球上的物体之间，地球上的物体与物体之间都存在着一种相互作用的吸引力。这种引力拉住我们和地球上的一切东西，无论我们站在地球的任何地方，都是脚朝地，头朝天，所以不会掉出去。

万有引力定律

万有引力定律是物体间相互作用的一条定律，1687 年为牛顿所发现。任何物体之间都有相互吸引力，这个力的大小与各个物体的质量成正比例，而与它们之间的距离的平方成反比。牛顿利用万有引力定律不仅说明了行星运动规律，而且还指出木星、土星的卫星围绕行星也有同样的运动规律。他认为月球除了受到地球的引力外，还受到太阳引力的影响。另外，他还解释了彗星的运动轨道和地球上的潮汐现象。根据万有引力定律成功地预言并发现了海王星。万有引力定律出现后，才正式把研究天体的运动建立在力学理论的基础上，从而创立了天体力学。

▼物体之间的引力

为什么会有瀑布？

瀑布，地质学上叫做跌水，是由地球内力和外力作用而形成的。如断层、凹陷等地质构造运动和火山喷发等造成地表变化，流动的河水突然地、近于垂直地跌落，这样的地区就构成了瀑布。瀑布主要是以内力作用为主导因素而形成的。另一种由流水的侵蚀和溶力作用为主导因素而形成，如河床岩石软硬不一，较松软的岩石易被流水侵蚀掉，形成高低差异很大的地势差别成为瀑布。此外，冰川对岩石的刨蚀也可造成瀑布。

中国最美的八大瀑布

1.壶口瀑布——荡气回肠；
2.庐山瀑布——最富诗意的瀑布；
3.镜泊湖瀑布——中国最大火山瀑布；
4.流沙瀑布——最细腻的瀑布；
5.黄果树瀑布——中国最大瀑布；
6.九寨沟瀑布——最洁净的瀑布群；
7.银练坠瀑布——最柔美的瀑布；
8.德天瀑布——亚洲最大跨国瀑布。

▲洁净的九寨沟瀑布

庐山第一奇观

庐山瀑布群是有历史的，历代诸多文人骚客在此赋诗题词，赞颂其壮观雄伟，给庐山瀑布带来了极高的声誉。庐山的瀑布群最著名的应数三叠泉，被称为庐山第一奇观，旧有“未到三叠泉，不算庐山客”之说。三叠泉瀑布之水，自大月山流出，缓慢流淌一段后，再过五老峰背，经过山川石阶，折成三叠，故得名三叠泉瀑布。

真的会水滴石穿吗?

人们为了鼓励别人，常说“水滴石穿”、“绳锯木断”之类的话，其实现实生活中真的有水滴石穿的现象发生， 溶洞就是个真实的例子。

溶洞是由于具有侵蚀性的流水沿石灰岩层面裂隙溶蚀、侵蚀、塌陷而形成的岩石空洞，洞内常有各类滴水石沉积物。溶洞的形成受岩石性质、构造、气候等多种因素影响，洞体形状千变万化。洞体一般由三部分组成：一是穹顶和比较高大广深的厅堂洞室，二是狭长或曲折回旋的走廊，三是位置形态多样并沟通内外的洞口。洞体的形态或奇妙幽深，或雄伟壮观，给岩洞景观增添了无穷的魅力。

喀斯特地貌

喀斯特地貌是具有溶蚀力的水对可溶性岩石进行溶蚀等作用所形成的地表和地下形态的总称，又称岩溶地貌。水对可溶性岩石所进行的作用，统称为喀斯特作用。它以溶蚀作用为主，还包括流水的冲蚀、潜蚀，以及坍陷等机械侵蚀过程。这种作用及其产生的现象统称为喀斯特。

奇妙的溶洞石景和水景

岩洞石景有地下水溶蚀成的石锅、石钟、石床；有渗滴水形成的石纹、石乳、石笋、石柱、石花、石莲、乳石山、灰华田；有带状水流形成的石帘、石幔、石瀑；有雾滴附着凝结成的石刺、石毛、石针、石球等。石景奇妙的形体、色泽、质感、线形、声响，能产生无穷的比拟和联想。

岩洞水景有地下暗流、河湖潭池、瀑布跌水、泉溪水帘等。水可以使洞内石景洁净清新。在岩洞环境中，水的光、影、形、声效果比在洞外别有一番情趣。

温泉是怎样变热的?

温泉，就是指从地底涌出的天然热水。许多温泉水还对一些疾病具有很好的治疗作用，这更给温泉增添了些神秘的色彩。

温泉水变热，大致有两种原因：一是地壳里面的岩浆作用或是火山爆发时产生的，因为火山爆发后，就变成了不会再爆发的死火山了，但由于地壳运动而高起来的地面底下还有没冷却的岩浆，它会不停地释放热量，如果热量释放很集中，再加上地下存在有缝隙的含水岩层，于是，那里的地下水就变成了热水，甚至有的温度还会很高。二是地面水渗透的循环作用产生的，就是雨水下到地面时，往地底下渗透，变成了地下水，地下水受到地壳内部释放出来的热量的影响就变成了热水，当热水温度逐渐升高，就会冒出地面形成温泉。

温泉的疗效

温泉水之所以会有疗效，主要是因为泉水的物理及化学作用。在物理作用方面，泉水的温热，可使毛细血管扩张，促进血液循环，具有按摩、收敛、消肿、止痛之效能。另外温泉水中含有矿物质的特殊化学成分，例如钙、镁、硫化氢、二氧化碳、放射元素镭、氡等气体，及铁、锂、硼等元素，还有大量的离子对人体都会有影响。所以随着各种泉水的成分不同，而有不同程度的治疗效果，这就是温泉的化学作用。

温泉文化

第一代温泉文化是洗浴的文化，就是人们通常说的“泡汤”；第二代温泉文化是洗浴加游戏，强调温泉的动感、丰富；第三代温泉文化则是洗浴加休闲文化，突出温泉是一种休闲旅游；最新的第四代温泉文化是最具包容性的，集休闲、保健、养生、娱乐为一体的全新概念的文化。它直接地反映了人们在不同时期的需求。

▼温泉文化

寒潮真的是“坏人”吗？

▶顶风冒雪的人们

寒潮是指大规模冷空气（在气压场上为冷高压）由亚洲大陆西部或西北部侵袭中国时的强降温天气过程，其势如潮水，造成沿途的剧烈降温和大风。一直以来，人们都将寒潮视为洪水猛兽，避之惟恐不及。

其实不然，寒潮的功要大于过，因为它会给人类带来很多好处。地理学家的研究分析表明，寒潮携带大量冷空气向热带倾泻，使地面热量进行大规模交换，这非常有助于自然界的生态保持平衡，保持物种的繁衍；气象学家认为，寒潮常会带来大范围的雨雪天气，可以缓解冬天的旱情，使农作物受益；农作物病虫害防治专家认为，寒潮带来的低温，是目前最有效的天然“杀虫剂”，可大量杀死潜伏在土中过冬的害虫和病菌，或抑制其滋生，减轻来年的病虫害；科学家认为，寒潮还可带来无污染的宝贵动力资源——风。

什么是寒潮天气？

我国地域辽阔，南方、北方气候差异很大，人们生产、生活的情况也不同，各地寒潮的标准很难统一。一般来说，北方采用的寒潮标准是：24 小时降温 10℃以上，或 48 小时降温 12℃以上，同时最低气温低于 5℃。南方采用的寒潮标准是：24 小时降温 8℃以上，或 48 小时降温 10℃以上，同时最低气温低于 5℃。

寒潮入侵有哪几种途径？

入侵我国的寒潮主要有三条路径：1.西路：从西伯利亚西部进入我国新疆，经河西走廊向东南推进；2.中路：从西伯利亚中部和蒙古进入我国后，经河套和华中地区南下；3.从西伯利亚东部或蒙古东部进入我国东北地区，经华北地区南下。

厄尔尼诺究竟是什么？

◀森林火灾

近年来，各类媒体越来越关注这样一个气候学名词：厄尔尼诺。众多气候现象与灾难都被归结到厄尔尼诺的肆虐上，它几乎成了灾难的代名词！

厄尔尼诺（EL Nino）在西班牙语中是“圣婴”（上帝之子）的意思，厄尔尼诺现象是位于近赤道东太平洋水域的秘鲁洋流水温反常升高、鱼群大量死亡的现象。这种现象一般出现在圣诞节前后，故名。厄尔尼诺现象对全球天气气候的短期振动有重大影响，它常使原来干旱少雨的地方产生洪涝，而通常多雨的地方易出现长时间的干旱少雨。这种现象的发生与人类自然环境的日益恶化有关，是地球温室效应加剧的直接结果，与人类向自然过多索取而不注意环境保护有关。

“厄尔尼诺”对人类的影响

对居住在印度尼西亚、澳大利亚、东南非的人来说，厄尔尼诺意味着严重的干旱和致命的森林火灾。厄瓜多尔、秘鲁、加利福尼亚的人则认为厄尔尼诺会带来暴风雨，然后引发严重的洪水和泥石流。在全世界范围内，强厄尔尼诺现象不但会造成数千人的丧生，还会使成千上万人流离失所，造成数十亿美元损失。

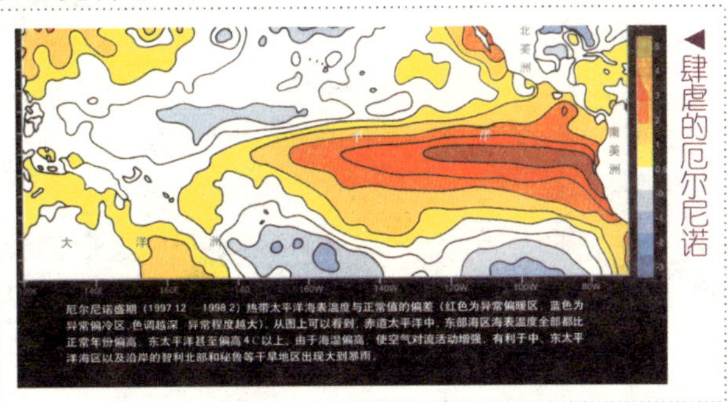

◀肆虐的厄尔尼诺

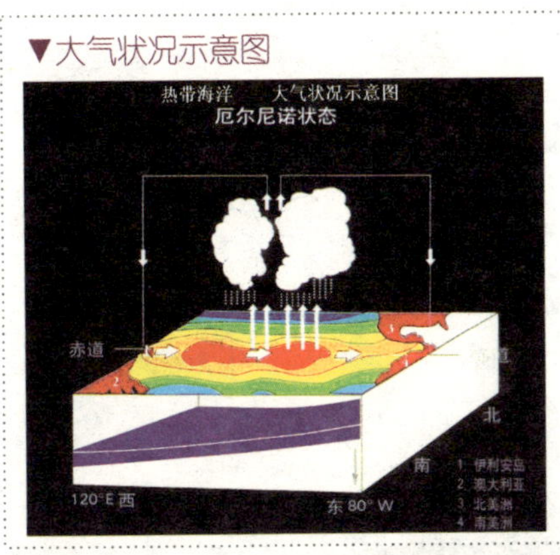

▼大气状况示意图

▼厄尔尼诺

拉尼娜现象

▶平静的水面

据世界气象组织报道，拉尼娜与厄尔尼诺现象都已成为预报全球气候异常的最强信号。

拉尼娜是西班语“La- Nina”的音译，是“小女孩”的意思。气象学家用来指赤道附近太平洋东部和中部水温反常变化的一种现象，其特征恰好与厄尔尼诺相反，指的是洋流水温反常下降，也被称为反厄尔尼诺现象。

拉尼娜现象是由前一年厄尔尼诺现象造成的庞大冷水区域在东太平洋浮出水面后形成的，因此拉尼娜现象总是出现在厄尔尼诺现象之后，通常会持续 12 个月，它的出现会对全球天气变化产生重大影响。

20 世纪 80 年代以来，先后在 1984~1985 年、1988~1989 年和 1995~1996 年出现过拉尼娜现象。

拉尼娜对气候的影响

拉尼娜对气候的影响与厄尔尼诺大致相反。拉尼娜出现时印度尼西亚、澳大利亚东部、巴西东北部、印度及非洲南部等地降水偏多；相反，在赤道太平洋东部和中部地区、阿根廷、赤道非洲、美国东南部等地易出现干旱。

拉尼娜对我国天气气候的影响主要表现在夏季汛期的主要降雨带北移，热带风暴发生个数较常年偏多。

▼拉尼娜现象对气候影响很大

温室效应

◀环境污染

全球变暖是目前全球环境研究的一个主要议题。通过科学家分析表明，虽然地球演化史上曾经多次发生变暖、变冷的气候波动，但人类活动引起的大气温室效应加剧可能是主要因素。

大气是包围地球的空气层，它由氮、氧、氩等多种气体组成，当太阳透过空气时太阳辐射能不同程度的削弱，形成了目前这种平衡状态的地球气候系统，人类也已经适应了这种状态。但随着生产的发展，工业革命的到来，人类的种种活动引起空气中某些成分的变化，打破了这种平衡的状态。例如：二氧化碳、甲烷、一氧化二氮、氟氯烃化合物、臭氧，这些气体对于来自太阳的短波辐射几乎是透明的，但对于从地面射出的长波辐射则有强烈的吸收作用，使地表辐射的热量留在了大气层内，起到类似暖房的玻璃罩或塑料大棚的作用，提高了地表的温度，这就被称为“温室效应”。

温室效应能改变生态环境吗？

根据科学家研究：二氧化碳加倍后将使全球地面平均温度增加2~3℃，极地海冰融化，全球海面大幅上升，降水也将增加，且分布不均，随之而来的全球生态系统也将发生巨大的改变。另外，氟氯烃化合物如氟利昂（冰箱制冷剂）不仅具有强烈增温效应，还破坏臭氧层造成所谓臭氧空洞。

▼积雪在融化

城市热岛效应

▶大气污染

久居都市的你肯定有过这样的体验，走在城区感觉扑面一股热浪，仿佛置身火海的感觉，热！这就是越来越经常听到的那个词——城市热岛效应。

城市热岛效应，通俗地讲就是由于城市的快速发展，导致城市中的气温高于外围郊区的一种现象。人类活动对气候的影响，在城市气候中表现得最为突出。城市人口密集，高楼林立，高速公路如织，工厂、汽车、空调等大量消耗能源，除造成大气污染外，还释放出大量废热进入大气，使城市年平均气温比郊区可高1℃，甚至更多。在温度的空间分布上，城市犹如一个温暖的岛屿。城市密集高大的建筑物，是气流通行的障碍物，使城市风速减小，由于城市热岛效应，市区与郊区形成了一个昼夜相反的热力环流。城市热岛反映的是一个温差的概念，只要城市与郊区有明显的温差，就可以说存在城市热岛。

导致城市热岛的原因是什么？

首先，是城市下垫面（大气底部与地表的接触面）特性的影响。

其次是城市大气污染的影响。

再次是人工热源的影响。

最后是城市里的自然下垫面减少的影响。

减缓城市热岛效应

首先必须改变城市的地面结构。目前城市一般建筑是水泥结构，路面是柏油马路，它们吸收热量很大。其中柏油马路的黑颜色反射率非常低，所以在同样区域，其吸收的热量要大大高于颜色浅的地方。

如果城区楼顶都绿化，或者建成休息场所，比如游泳池等，就既减少了热量增加，又增加了娱乐设施。

▼空气清新的郊区

火山为什么要“发火”？

原来，地球内部岩浆的温度非常高，靠近中心的地方温度达 4000℃。它像炼钢的铁水一样可以流动。随着地球内部温度的升高，这些富含气体的岩浆在极大的压力下，便会从薄弱的地方冲破地壳，喷涌而出，这就造成了火山爆发。其实，火山喷出的并不是真正的火，而是一种高温黏稠的物质，这种物质叫岩浆。当火山爆发时，伴随着惊天动地的巨大轰鸣，石块飞腾翻滚，炽热无比的岩浆像条条凶残无比的火龙，从地下喷涌而出，吞噬着周围的一切。有时候，火山爆发能使平地顷刻间矗立起一座高高的大山；有时候，又能在瞬间吞噬掉整个村庄和城镇。

我国的七大火山带

据不完全统计，我国新生代以来有火山群 120 个，火山千余座，大抵可分为 7 个火山带。

1.台湾火山带：共有 14 个火山群，70 余座火山。

2.长白山 – 庐江火山带：其中有著名的镜泊湖、长白山和龙冈火山群。

3.福鼎 – 海南岛火山带：分布于东南沿海大陆边缘地区，长 1200 千米，带内有 4 个火山群，101 座火山。

4.大兴安岭 – 太行山火山带：著名的有大同火山群和达莱偌尔火山群。

5.小兴安岭火山带：西南麓有 9 个火山群，西端有 2 个火山群，60 余座火山，平行于山脉分布，小兴安岭西南麓近山脉分布的有门鲁河火山群、科洛火山群和五大连池火山群。外侧是嫩江的尖山、德都的莲花山、克山的尖山、克东的二克山、绥棱的阁山和庆安的疙瘩山火山群。

6.西昆仑山 – 可可西里山火山带：长约 1300 千米，宽 200 来千米，有 12 个火山群，64 座火山。

7.冈底斯山 – 腾冲火山带：目前仅发现 3 个火山群，48 座火山。

地震是大地生气了吗?

▲地震过后

地震是一种自然现象，是地下岩石发生破裂并释放弹性波传到地表所引起的振动。引起地球表面震动的原因很多，可以是人为的原因，如核爆炸、开炮、机械振动等；也可以是自然界的原因，如构造地震、火山地震、陷落地震等；另外，陨星撞击也可能导致地震。

地震可分为五类：构造地震：地下岩层受到地应力的作用而引起的震动；火山地震：火山爆发引起的地震；水库地震：水库蓄水、放水，破坏了地壳局部地区的压力平衡而引起库区发生地震；陷落地震：地层陷落引起的地震；人工地震：核爆炸、开炮等人为活动引起的地震。

1976 年 7 月 28 日我国的唐山大地震，是迄今为止 400 多年世界地震史上最悲惨的一页，使这座拥有百万人口的城市顷刻间被夷为平地，并造成 24 万人死亡、16 万人重伤，直接经济损失在 100 亿元以上。

2008 年 5 月 12 日，四川省汶川县发生了里氏 8.0 级强烈地震，几万人死亡，无数房屋垮塌，数万人无家可归。

地震发生时应该怎么办?

1.切断电源、气源，防止火灾发生。2.人员疏散避开高大建筑物、窄小胡同、高压线、变压器、陡山坡、河岸边。3.在家中要就地避险，不可贸然外逃，可选择较安全的地方（如床下、桌子底下、卫生间、储藏室及墙角）躲避；高层住户千万不能跳楼，也不能乘电梯。当大地震后，利用两次地震之间的间隙，迅速撤离。4.汽车司机要选择安全地带刹车，火车司机要稳缓地逐渐刹车；要停留在开阔地方，远离高大建筑物、高压线；在山坡上注意滚石，同时要远离陡崖，防止滑坡、泥石流的威胁。5.在公共场所，先找地方躲避，震后有秩序地疏散，切忌慌乱拥挤。

引起海啸的原因是什么？

▲印度洋海啸过后的惨状

海底地滑是海啸产生的原因。海底地滑的产生，一种情形是当海底大量不稳定泥浆和沙土聚集在大陆架和深海交汇处的斜坡上；第二种情形，海底蕴藏的气体喷发导致浅层沉积海底坍塌，出现水下崩移。而海底地滑和崩移由地震引起。震动导致运动，然后产生一个洞，水于是沿着洞倒灌回去，产生了一种不同类型的海浪，这种海浪不同于地震引发的海啸。地震引发的海啸是一种冲击波，传播更有效，波及范围更广。

2004 年的最后一个宁静周日，印度洋海啸以每小时 800 千米的速度，带着无坚不摧的惊人力量，席卷了印尼、泰国、斯里兰卡等诸多印度洋沿岸国家，仅在印尼就造成至少 10 万人死亡，致使无数家庭失去父母、兄弟和姐妹。

什么是海啸？

海啸是一种具有强大破坏力的海浪。水下地震、火山爆发或水下塌陷和滑坡等大地活动都可能引起海啸。海啸可分为 4 种类型。即由气象变化引起的风暴潮、火山爆发引起的火山海啸、海底滑坡引起的滑坡海啸和海底地震引起的地震海啸。中国地震局提供的材料说，地震海啸是海底发生地震时，海底地形急剧升降变动引起海水强烈扰动。其机制有两种形式：“下降型”海啸和“隆起型”海啸。

海啸的危害

剧烈震动之后不久，巨浪呼啸，以摧枯拉朽之势，越过海岸线，越过田野，迅猛地袭击着岸边的城市和村庄，瞬时人们都消失在巨浪中。港口所有设施，被震塌的建筑物，在狂涛的洗劫下，被席卷一空。事后，海滩上一片狼藉，到处是残木破板和人畜尸体。地震海啸给人类带来的灾难是十分巨大的。

为什么会发生雪崩?

▶面对雪崩时惊恐的人们

雪崩是一种自然现象，它是指大量积雪从高处突然崩塌下落。雪崩在有人居住或滑雪场等地是一种严重的灾害，常会造成房屋倒塌和人员伤亡。

雪崩都发生在山地，常见的雪崩发生在特大暴雪中。雪崩的原因之一是在雪堆下面缓慢地形成了“深部白霜”，这是一种冰的六角形杯状晶体，与我们通常所见的冰碴相似。这种白霜的形成是因为雪粒的蒸发所造成，它们比上部的积雪要松散得多，在地面或下部积雪与上层积雪之间形成一个“软弱带”，当上部积雪开始顺山坡向下滑动，这个“软弱带”起着润滑的作用。

导致雪崩发生的原因有很多，如积雪堆积过厚，超过了山坡面的摩擦阻力时，温暖干燥的风、声音的震动等都能使积雪开始运动，崩塌就开始了。

雪崩的特点及危害

雪崩具有突然性、运动速度快、破坏力大等特点。它能摧毁大片森林，掩埋房舍、交通线路、通信设施和车辆，甚至能堵截河流，发生临时性的涨水。同时，它还能引起山体滑坡、山崩和泥石流等可怕的自然现象。弱小的人体遇到它，后果是可想而知了。因此，雪崩被人们列为是积雪山区的一种严重自然灾害。

▼山体滑坡

为什么会出现沙尘暴?

◀严重沙尘暴

沙尘暴是强风将地面大量沙尘吹起，使空气很浑浊，水平能见度小于1千米的灾害性天气现象。

沙尘暴的形成与地球温室效应、厄尔尼诺现象、森林锐减、植被破坏、物种灭绝、气候异常等因素有着不可分割的关系。其中，人口膨胀导致的过度开发自然资源、过量砍伐森林、过度开垦土地是沙尘暴频发的主要原因。

沙尘暴作为一种高强度风沙灾害，并不是在所有有风的地方都能发生，只有那些气候干旱、植被稀疏的地区，才有可能发生沙尘暴，但是，强沙尘暴所波及的范围则可能相当大，会给其他毗邻地区造成很大的危害。

沙尘暴会造成哪些危害?

沙尘暴的危害很多：1.人畜死亡、建筑物倒塌、农业减产。近5年来，我国西北地区累计遭受到的沙尘暴袭击有20多次，造成经济损失12亿多元，死亡失踪人数超过200人。2.大气污染、表土流失。沙尘暴降尘中至少有38种化学元素，它的发生大大增加了大气固态污染物的浓度，给起源地、周边地区以及下风地区的大气环境、土壤、农业生产等造成了长期的、潜在的危害。特别是农作物赖以生存的微薄的表土被刮走后，贫瘠的土地将严重影响农作物的产量。

沙尘暴的形成需要有三个基本条件

一是要有沙尘源；二是要有较强的冷空气入侵，即具备产生强风的环流条件；三是要沙源的土壤要干松。

▼看看伊拉克的沙尘暴有多牛!

酸雨为何被称做“空中的死神”？

被酸雨破坏的地面

酸雨具有很大的破坏力。它会使土壤的酸性增强，导致大量农作物与牧草枯死；它会破坏森林生态系统，使林木生长缓慢，森林大面积死亡；它还会使河湖水酸化，使其中的微生物和以微生物为食的鱼虾大量死亡，使河湖成为“死河”、“死湖”。酸雨还会渗入地下，致使地下水长时期不能被利用。酸雨，尤其是酸雾会对人体健康造成严重危害。它的微粒可以侵入肺的深层组织，引起肺水肿、肺硬化甚至癌变。

另外，酸雨还会对桥梁楼屋、船舶车辆、输电线路、铁路轨道、机电设备等造成严重侵蚀，进而给人类生活带来极大的不便。

南极和北极也有酸雨！

地球的南极和北极，终年冰雪，人迹罕至，但20世纪80年代，挪威科学家在北极圈内大面积地区都测到了酸雨（酸雪）。

他们认为是前苏联南部工业区排放的大气酸性物质，随气流，几千千米飘移到此地。后来在南极地区也有人曾收集到pH为5.5的酸性降水。

这些酸性降水所含的酸性物质，可能来自更远的地方。看来，酸雨不但没有国界，也没有洲界。

企鹅们在欢聚

全球三大块酸雨地区

西欧、北美和东南亚。我国长江以南也存在连片的酸雨区域。在酸雨区域内，湖泊酸化，渔业减产，森林衰退，土壤贫瘠，粮菜减产，建筑物腐蚀，文物面目皆非。近年来我国政府已开始对酸雨问题进行总体控制，提出消减方案。

什么是赤潮？

水体严重污染

赤潮虽然自古就有，但随着工农业生产的迅速发展，水体污染日益加重，赤潮也日趋严重。

水体变色

赤潮是水体中某些微小的浮游植物、原生动物或细菌，在一定的环境条件下突发性地增殖和聚集，引起一定范围内一段时间中水体变色的现象。通常水体颜色因赤潮生物的数量、种类而呈红、黄、绿和褐色等。赤潮发生必须具备以下条件：1.海域水体高营养化；2.某些特殊物质参与作为诱发因素，已知的有维生素 B_1、B_{12}、铁、锰、脱氧核糖核酸；3.环境条件，如水温、盐度等也决定着发生赤潮的生物类型。引发赤潮的生物类型主要为藻类，目前已发现有 63 种浮游生物可称做“赤潮生物”，其中硅藻有 24 种、甲藻 32 种、蓝藻 3 种、金藻 1 种、隐藻 2 种，原生动物 1 种。

赤潮对人类健康的危害

有些赤潮生物分泌赤潮毒素，当鱼类、贝类处于有毒赤潮区域内，摄食这些有毒生物，虽不会被毒死，但生物毒素可在体内积累，其含量大大超过食用时人体可接受的水平。这些鱼虾、贝类如果不慎被人食用，就引起人体中毒，严重时可导致死亡。

由赤潮引发的赤潮毒素统称贝毒，目前确定有 10 余种贝毒其毒素比眼镜蛇毒素高 80 倍，比一般的麻醉剂，如普鲁卡因、可卡因还强 10 万多倍。据统计，全世界因赤潮毒素的贝类中毒事件约 300 多起，死亡 300 多人。

赤潮

赤潮是如何分类的？

赤潮一般可分为有毒赤潮与无毒赤潮两类。有毒赤潮是指赤潮生物体内含有某种毒素或以能分泌出毒素的生物为主形成的赤潮。无毒赤潮是指赤潮生物体内不含毒素，又不分泌毒素的生物为主形成的赤潮。

干旱与旱灾是一回事吗？

▲土地干裂

▲干旱的土地

干旱和旱灾从古至今都是人类面临的主要自然灾害。即使在科学技术如此发达的今天，它们造成的灾难性后果仍然比比皆是。

干旱和旱灾是两个不同的科学概念。干旱通常指淡水总量少，不足以满足人的生存和经济发展的气候现象。干旱一般是长期的现象，而旱灾却不同，它只是属于偶发性的气候异常干旱的自然灾害，甚至在通常水量丰富的地区也会因一时的气候异常而导致旱灾。

随着人类的经济发展和人口膨胀，水资源短缺现象日趋严重，这直接导致了干旱地区的扩大与干旱化程度的加重，干旱化趋势已成为全球关注的问题。面对日益严重的全球干旱化趋势，探求原因、寻找对策是十分必要的。

人类面临的巨大挑战——干旱

干旱实际上是一种正常的、气候周期性变化的现象，是自然降水减少的结果。当降雨相对稀少或者不稳定的时候，将会打破降雨和蒸发进程的平衡，干旱由此而生。干旱可以具有非常大的破坏力，特别是当伴随高温、强风和相对低湿度的时候。农作物和牲畜会死亡、饥渴和营养不良，人类的经济和环境成本也会随之增加。

干旱不可避免的会发生在干燥、半干燥和半湿润地区，特别是当经济落后，生态失衡时更显脆弱。干旱覆盖了地球表面大约40%的土地，剥夺了大部分居民的家园，毁掉了他们的作物和牲畜，所以它是今后人类面临的巨大挑战。

干旱的抗、避、防措施有哪些？

抗旱措施：1.开源节流，合理灌溉；2.选用耐旱品种，抗旱播种；3.耕作和覆盖保墒抑制农田蒸发；4.耕云播雨，缓解旱情。

避旱措施：1.改革种植制度；2.调整播种，躲过干旱；3.水路不通走旱路；4.育苗移栽躲过春旱。

防旱措施：1.兴修水利，搞好农田基本建设；2.深耕改土，增强土壤蓄水能力；3.选育抗旱品种，提高抗旱能力；4.绿化荒坡隙地，改善生态环境。

什么是雪灾？

雪灾是指由于降雪过多、积雪过厚和雪层维持时间过久，而给越冬作物、畜牧业和农业设施以及交通、人类生活、生产等造成危害的灾害性天气现象。雪灾又称“白灾”。根据雪灾的形成条件、分布范围和表现形式，我国通常将雪灾分为雪崩、风吹雪（风雪流）灾害和牧区雪灾三种类型。

我国内蒙古、新疆、青海、西藏四大牧区，几乎每年秋冬春季都会出现不同程度的雪灾。雪灾发生时，由于积雪掩埋草场且超过一定深度，或积雪虽不深，但密度较大，或雪面覆冰，形成冰壳，会造成牲畜吃草、行走困难，从而导致大量死亡。此外，大雪还可能压毁牲畜棚舍，阻断交通，影响抢险救灾。

▼2008年中国南方发生特大雪灾

2005年12月，我国山东威海遭受了1959年有气象记录以来最大的一场暴风雪，暴雪成灾，有些地方积雪厚度近1米，给当地人民的生活、生产带来了极大的危害。

2008年我国南方雪灾

2008年1月，我国南方大部分地区和西北地区东部出现了历史上罕见的大范围持续低温、雨雪和冰冻天气。冰雪灾害造成贵州、湖南、湖北、广西、江西、安徽、江苏、陕西、甘肃、重庆等19个省（直辖市、自治区）不同程度受灾，灾民过亿。时值春节前夕，灾害天气给春运期间的交通运输带来了巨大的影响，使原本就紧张的电力供应形势更加严峻，全国电煤库存严重下降，大量的农作物、房屋遭到严重破坏。雪灾带来的直接经济损失上百亿。

有关专家分析，引起这次灾害的主要原因有两点，其中最根本的原因是大气环流异常所造成的，另一个原因是受“拉尼娜”现象的影响。

珠峰为何会变“矮”？

2005 年测得的珠峰“身高”——8844.43 米，比 1975 年公布的珠峰高程数据 8848.13 米整整低了 3.70 米！

▶世界第一峰

珠峰变“矮”主要有三个因素：

1.峰顶冰雪深度的测量更加精确。珠峰变“矮”，首先是因为两次测得的冰雪深度不同。由于珠峰海拔高，峰顶上终年积雪，如像戴着厚厚的冰雪帽，1975 年，我国在世界上首次测量了峰顶冰雪深度，减去当时测得的雪深，就得到了珠峰岩面海拔高度。由于当年是登山队员通过人工插杆的方式进行测量的，所以冰雪深度数据的精确度无疑会受到一定的影响。2005 年珠峰高程测量活动通过采用冰雪深雷达探测仪测得峰顶冰雪深度后，除减掉约 1 米的雪深外，还减去了 2.5~2.6 米的冰层和冰与碎石的混合层厚度。因此，珠峰的“身高”自然就矮了些。

2.珠峰地区大地水准面计算结果更加完善。

3.全球气候变暖导致峰顶冰雪厚度变薄。

珠峰地理

珠穆朗玛峰山体呈巨型金字塔状，威武雄壮昂首天外，地形极端险峻，环境异常复杂。山脊和峭壁之间又分布着 548 条大陆型冰川，总面积达 1457.07 平方千米，平均厚度达 7260 米。冰川的补给主要靠印度洋季风带两大降水带积雪变质形成。冰川上有千姿百态、瑰丽罕见的冰塔林，又有高达数十米的冰陡崖和步步陷井的明暗冰裂隙，还有险象环生的冰崩雪崩区。珠峰不仅巍峨宏大，而且气势磅礴。在它周围 20 千米的范围内，群峰林立，山峦叠障。仅海拔 7000 米以上的高峰就有 40 多座，形成了群峰来朝，峰头汹涌的波澜壮阔的场面。

▼世界第一峰——珠穆朗玛峰

什么是环境问题？

◀切莫乱砍伐！

20 世纪 60~70 年代，人们把环境污染等同于环境问题，认为水、旱、虫灾、地震、风暴等全属自然灾害。可是随着近几十年来自然灾害日益频繁，受灾人数和损失激增，人们逐渐对环境问题有了新认识。

环境问题，可以从广义和狭义两个方面理解。

广义上讲，由自然力或人力引起生态平衡破坏，最后直接或间接影响人类的生存和发展的一切客观存在的问题，都是环境问题。

狭义上讲，由于人类的生产和生活活动，使自然生态系统失去平衡而导致的影响人类生存和发展的问题，就是环境问题。

环境问题的表现形式：环境污染——大气污染、水污染、土壤污染、海洋污染、放射性污染等，生态破坏——森林调节功能下降、温室效应、生物多样化消失等。

环境问题在空间的分布特点：从地区角度看，城市地区以环境污染为主，乡村地区以生态破坏为主；从全球的角度看，发展中国家的环境问题比发达国家更加严重。

环境标准包括哪些方面？

中国是一个发展中国家，面临着发展经济和保护环境的双重任务。环境保护作为一项基本国策，得到广大人民的普遍支持。

环境标准是中国环境法律体系的一个重要组成部分，具体包括环境质量标准、污染物排放标准、环境基础标准、样品标准和方法标准。环境质量标准、污染物排放标准分为国家标准和地方标准。到 1995 年底，中国颁布了 364 项各类国家环境标准。中国法律规定，环境质量标准和污染物排放标准属于强制性标准，违反强制性环境标准，必须承担相应的法律责任。

“世界环境日”的由来

1972 年 6 月 5~16 日，联合国在斯德哥尔摩召开人类环境会议，来自 113 个国家的政府代表和民间人士就世界当代环境问题以及保护全球战略等问题进行了研讨，制定了《联合国人类环境会议宣言》和 109 条建议的保护全球环境的“行动计划”，提出了 7 个共同观点和 26 项共同原则，以鼓舞和指导世界各国人民保持和改善人类环境，并建议将此次大会的开幕日定为“世界环境日”。

什么是大气污染？

大气污染是指空气中污染物的浓度达到有害程度，以至破坏生态系统和人类正常生存和发展的条件，对人和生物造成危害的现象。

大气污染对人体的危害主要表现为呼吸道疾病；对植物可使其生长不良，抗病抗虫能力减弱，甚至死亡；大气污染还会对气候产生不良影响，如降低能见度，减少太阳的辐射而导致佝偻病发病率的增加；大气污染物能腐蚀物品，影响产品质量；近十几年来，不少国家出现酸雨，雨雪中酸度增高，使河流及土壤酸化、鱼类减少甚至灭绝、森林发育受影响等。

随着人类经济和生产活动迅速发展，在大量消耗能源的同时，将大量的废气、烟尘物质排入大气中，严重影响了大气环境质量。

什么是空气污染指数？

空气污染指数（Air Pollution Index，简称 API）是一种反映和评价空气质量的标准，就是将常规监测的几种空气污染物的浓度简化成为单一的概念性数值形式，并分级表征空气质量状况与空气污染的程度，能简明直观表示城市的短期空气质量状况和变化趋势。为了及时准确地向社会公众反映城市的空气质量状况，世界上许多国家都已开展了空气污染指数的周报或日报活动。

空气质量的好坏取决于各种污染物中危害最大的污染物的污染程度。我国空气质量监测的项目有：总悬浮颗粒物或飘尘、二氧化硫、氮氧化物或二氧化氮，后两类污染物都会造成对人体呼吸系统和眼部的刺激，还会造成酸雨现象。

▶空气污染指数统计

空气污染指数 API	空气质量类别	空气质量描述	对健康的影响	适用地区
0-50	I	优	可正常活动	自然保护区、风景名胜区和其他需要特别保护的地区
51-100	II	良	可正常活动	为城镇规则中确定的居住区、商业交通居民混乱区、文化区、一般工业区和农村地区
101-200	III	轻度污染	长期接触，易感人群症有轻度加剧，健康人群出现刺激症状	特定工业区
201-300	IV	中度污染	一定时间接触，心脏病和肺病患者症状显著加剧，运动耐受力降低，健康人群中普遍出现症状	
>300	V	重度污染	健康人运动耐受力降低，有明显强烈症状，提前出现某些疾病；	

空气指数的分级标准

空气污染指数五十点对应的污染物浓度为国家空气质量日均值一级标准；一百点对应的污染物浓度为国家空气质量日均值二级标准；二百点对应的污染物浓度为国家空气质量日均值三级标准；更高值段的分级对应各种污染物对人体健康产生不同影响时的浓度限值，三百点对应对人体产生严重危害时各项污染物的浓度。

什么是水污染？

▲水质恶化

1984 年颁布的中华人民共和国水污染防治法中为“水污染”下了明确的定义，即水体因某种物质的介入，而导致其化学、物理、生物或者放射性等方面特征的改变，从而影响水的有效利用，危害人体健康或者破坏生态环境，造成水质恶化的现象称为水污染。

水污染可根据污染杂质的不同而主要分为化学性污染、物理性污染和生物性污染三大类。

▲污浊的环境

2005 年 11 月，因吉林市化工厂发生苯爆炸，致使松花江水体被污染，结果导致哈尔滨市全市停水，给人民的生产和生活带来极大不便。

水资源保护

地球上的水似乎取之不尽，其实就目前人类的使用情况来看，只有淡水才是主要的水资源，而且只有淡水中的一小部分能被人们使用。淡水是一种可以再生的资源，其再生性取决于地球的水循环。随着工业的发展，人口的增加，大量水体被污染；为抽取河水，许多国家在河流上游建造水坝，改变了水流情况，使水的循环、自净受到了严重的影响。

化学性污染、物理性污染和生物性污染

化学性污染指污染杂质为化学物品而造成的水体污染。造成化学性污染的污染杂质主要有 6 类：1.无机污染物质；2.无机有毒物质；3.有机有毒物质；4.需氧污染物质；5.植物营养物质；6.油类污染物质。

物理性污染包括：1.悬浮物质污染；2.热污染；3.放射性污染。

生物性污染：生活污水，特别是医院污水和某些工业废水污染水体后，往往会给水体带入病原微生物。

▲污水

固体废物有哪些危害？

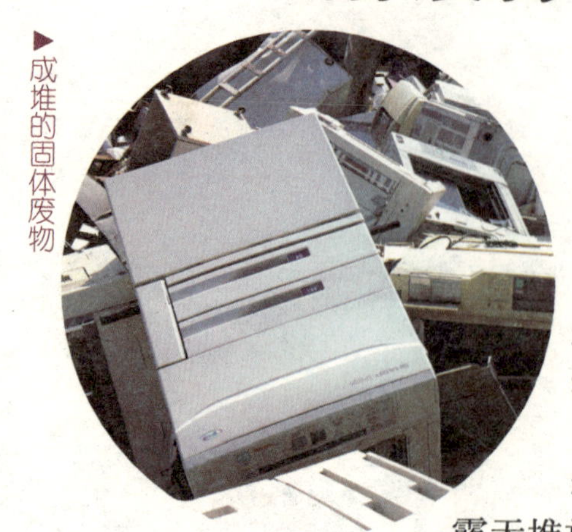
成堆的固体废物

垃圾正成为困扰人类社会的一大问题，全世界每年要产生超过计划10亿吨的垃圾。经济发达国家将固体废物分为工业、矿业、农业固体废物与城市垃圾四大类。我国制定的《固体废物管理法》中，将固体废物分为工业固体废物（废渣）与城市垃圾两类。大量的生活和工业垃圾由于缺少完善的处理系统而露天堆放，或是被随意弃置于河海湖泊，甚或是被远迁至他国海域和弃置，垃圾围城现象日益严重。成堆成堆的各种垃圾裸露在大自然中，不仅会使病菌滋生，更严重的是它们还会不断释放出有毒物质，污染地表和地下水，甚至污染大气，给人类健康带来极大危害，这种现象若得不到遏制，人类将会被自己生产的垃圾所埋葬。

什么是固体废物？

固体废物是指在生产建设、日常生活和其他活动中产生的污染环境的固态、半固态废弃物质。其中工业固体废物是指在工业、交通等生产活动中产生的固体废物；城市生活垃圾是指在城市日常生活中或者为城市日常生活提供服务的活动中产生的固体废物，以及法律、行政法规规定视为城市生活垃圾的固体废物。

废物处理

常见的固体废弃物分为三大类：黑色金属类、有色金属类、非金属类。

黑色金属分为废铁、铁屑、废钢等。

有色金属类分为生铝、熟铝、黄铜、紫铜、锡渣、电线等。

非金属类分为塑料、废纸、木箱材料、垫仓板等。

如何防治固体废物污染？

首先是要控制其产生量。如逐步改革城市燃料（民用与工业用）结构，控制工厂原材料的消耗定额，提高产品的使用寿命，提高废品的回收率等。其次是开展综合利用，把固体废物作为资源和能源对待。实在不能利用的则经压缩和无毒处理后填地或投海。

为什么说废电池存在潜在危害?

电池的发明已经有 200 多年的历史了，电池与我们的生活如此的密切。随着人们生活水平的提高和现代化通信业的发展，人们使用电池的机会愈来愈多，手机、寻呼机、随身听、袖珍收音机等都需要大量的电池作为电源，所以，今后一个时期，会有更多的废电池出现。就体积和重量而言，废电池在生活垃圾中是微不足道的，但是，我国废旧电池污染却极其惊人!

废旧电池含有汞、铅、镉、镍等重金属及酸、碱等电解质溶液，对人体及生态环境有不同程度的危害。

有关资料显示，1 节一号电池烂在地里，能使 1 平方米的土壤永久失去利用价值；一粒纽扣电池可使 600 吨水受到污染，相当于一个人一生的饮水量。

在对自然环境威胁最大的几种物质中，电池里就包含了汞、铅、镉等多种，若将废旧电池混入生活垃圾一起填埋，或者随手丢弃，渗出的汞及重金属物质就会渗透到土壤里，污染地下水，进而进入鱼类、农作物中，破坏人类的生存环境，间接威胁到人类的健康。

因此，废电池污染及其处理已经成为目前社会最为关注的环保焦点之一。

汞对人体有什么危害?

汞是一种毒性很强的重金属，对人体中枢神经的破坏力很大，多年前流行于日本的“恶魔”水俣病，便是由于汞中毒所致。

目前我国电池生产消耗的汞每年就达几十吨之多，这是存在于我们周围的一个极大的隐患。因此，如何解决废旧电池的处理便成了一个迫在眉睫的问题。

▼成堆的废电池

什么是湿地？

2月2日，一个平凡的日子被一个平凡的名词点亮——湿地日。湿地是与森林、海洋并列的全球三大生态系统之一。

▲茂密的森林

湿地包括多种类型，珊瑚礁、滩涂、红树林、湖泊、河流、河口、沼泽、水库、池塘、水稻田等都属于湿地。它们共同的特点是其表面常年或经常覆盖着水或充满了水，是介于陆地和水体之间的过渡带。湿地广泛分布于世界各地，是地球上最具生物多样性和生产力较高的生态系统。

湿地不仅仅是我们传统认识上的沼泽、滩涂等，还包括河流、湖泊、水库、稻田以及退潮时水深不超过6米的海水区，通常，湿地是泛指一些水陆交接的环境。湿地与森林、农田、草地等生态环境一样，广泛分布于世界各地，是地球上生物种类丰富、生产力很高的生态系统。湿地是人类最重要的环境资本之一，被科学家们称为“地球之肾”、“自然界重要的基因库”。

湿地不但具有丰富的资源，还有巨大的环境调节功能和生态效益。它们在提供水资源、调节气候、涵养水源、均化洪水、促淤造陆、降解污染物、保护生物多样性和为人类提供生产、生活资源方面发挥了重要作用。

国际湿地日

1971年2月2日，在伊朗的拉姆萨尔签署了一个全球性政府间的湿地保护公约《关于特别是作为水禽栖息地的国际重要湿地公约》，简称《湿地公约》。1996年10月，国际湿地公约常委会决定将每年2月2日定为世界湿地日。

▼位于河南省孟津县境内的黄河湿地水禽自然保护区

为什么会造成水土流失？

◀水土流失

人类对土地的利用程度反映了人类文明的发展，但同时也造成对土地资源的直接破坏，这主要表现为水土流失、土地沙漠化、土地次生盐碱化及土壤污染等，而其中水土流失尤为严重，已经成为当今世界面临的又一个严重危机。

人类在地球上生存的基本条件就是土壤和水分。在山区、丘陵区和风沙区，由于不利的自然因素和人类不合理的经济活动，造成地面的水和土离开原来的位置，流失到较低的地方，再经过坡面、沟壑，汇集到江河河道内，这种现象称为水土流失。

水土流失是由于不利的自然条件与人类不合理的经济活动互相交织而产生的。不利的自然条件主要包括：地面坡度陡峭，土体的性质松软易蚀，高强度暴雨，地面没有林草等植被覆盖；人类不合理的经济活动包括：毁林毁草，陡坡开荒，草原上过度放牧、开矿、修路等生产建设破坏地表植被后不及时恢复，随意倾倒废土弃石等。

◀宽敞的公路

你知道如何防治水土流失吗？

防治措施的基本原理是：减少坡面径流量，减缓径流速度，提高土壤吸水能力和坡面抗冲能力，并尽可能抬高侵蚀基准面。在采取防治措施时，应从地表径流形成地段开始，沿径流运动路线，步步设防治理，实行预防和治理相结合，以预防为主；治坡与治沟相结合，以治坡为主；工程措施与生物措施相结合，以生物措施为主。只有采取各种措施综合、集中、持续治理才能奏效。

◀水土流失毁农田

海洋渔业资源为何会衰退?

海洋有着丰富的水产资源，为人类提供既营养又美味的食物。但近些年海洋渔业资源却出现衰退趋势。

海洋渔业资源是海洋资源的重要组成部分，也是人类开发利用海洋最早的领域，对人类社会的生存发展具有十分重要的意义。

▶奄奄一息的鱼

但随着全球人口的急剧增加，加上对海洋资源的合理开发利用尚缺乏深刻的科学认识，从而导致对海洋渔业资源的过度捕捞，造成全球海洋渔业资源日益明显的衰退现象。

以我国为例，由于近20年来在我国沿岸近海的捕捞失控，甚至是酷渔滥捕，从而造成我国近海渔业资源的明显衰退。

针对这种现象，我国已制定了休渔期等相关保护渔业资源的措施。

鱼离开水就会死亡

“鱼儿离不开水，瓜儿离不开秧。”鱼始终都要生活在水中，一旦离开了水，鱼儿就会死掉。因为鱼没有肺，它是用鳃呼吸的。同时，鱼鳃只能吸收溶解在水中的微薄的氧气，排出二氧化碳，而不能直接吸收空气中的氧气。因此，如果鱼离开了水，鱼的身体就无法补充进氧气。所以，就会因缺氧而死去。

衰退的主要表现

1.海区的鱼群分布密度日趋降低。2.渔获物质量日趋恶化。3.渔获物中主要经济鱼类年龄组成趋于低龄早熟化及个体小型化；传统经济鱼类的产量逐年降低，有些原来属于我国沿岸近海的优势种类，逐渐减少甚至变成稀有种类，如渤海的小黄鱼、黄海的带鱼、东海的大小黄鱼等，都呈现出日益衰退的明显趋势。如果任由这种趋势继续发展，这些原来的优势种类就有可能从我国沿岸近海彻底消失。

▶身在海洋里也会感到孤独

为什么会出现鱼污染?

餐桌上的美味

鱼是人类最早的食物之一，那些年代已久的壁画石刻上，就有叉鱼烤鱼的情节。现在鱼依然是人们餐桌上的美味食品，但食用起来却要倍加小心，一旦食用了被污染的鱼会引起许多疾病。

这里说的鱼污染，主要指化学性污染。随着人类科学技术和生产的发展，尤其是农药和化肥的广泛应用，众多的工业废气、废水和废渣的排放，一些有毒物质，如汞、酚、氰化物、有机氯、有机磷、硫化物、氮化物、氟化物、砷化物和对硝基苯等，混杂在土壤里、空气中，源源不断地注入鱼塘、河流或湖泊，甚至直接进入水系，造成大面积的水质污染，致使鱼类受到危害。被污染的鱼，轻则带有臭味，发育畸形；重则死亡。人们误食受到污染的鱼，有毒物质便会转移至人体，在人体中逐渐积累，引起疾病。如有机农药会导致儿童发育迟缓，智能低下，易患侏儒症；重金属盐类可致关节疼痛和癌症。

各种鱼在水中所起的作用

鲤鱼和鲫鱼是水底“清洁工”，摄食水体底层的残饵和腐殖质，减少池底有机物的腐化分解，减少鱼病的发生；草鱼、鳊鱼及团头鲂被称为水中“卫生员”，它们可以净化环境；白鲢是鱼类缺氧浮头的“预报员”，当白鲢出现浮头时，说明水体已开始缺氧，应及时采取增氧措施。

被污染的鱼

如何鉴别污染鱼?

受污染严重的鱼形体不整齐，头大尾小，脊椎弯曲，甚至畸形，还有的皮膜发黄，尾部发青。带毒的鱼眼睛浑浊，失去正常光泽，有的甚至向外鼓出。鳃是鱼的呼吸器官，有毒的鱼鳃不光滑，呈暗红色。正常鱼有鱼腥味，被污染的鱼则气味异常，含酚量高的鱼鳃甚至可能被点燃。

一条孤单的鱼

图书在版编目(CIP)数据

中国青少年知识文库. A卷 / 郭漫主编. --北京：航空工业出版社, 2006.8(2011.8 重印)

ISBN 978-7-80183-791-2

Ⅰ. ①中… Ⅱ. ①郭… Ⅲ. ①科学知识—青年读物②科学知识—少年读物 Ⅳ. ①Z228.2

中国版本图书馆 CIP 数据核字 (2011) 第 050644 号

中国青少年知识文库(A 卷)

Zhongguo Qingshaonian Zhishi Wenku A

航空工业出版社出版发行

(北京市安定门外小关东里 14 号 100029)

发行部电话:010-64815521 010-64978486

北京朝阳新艺印刷有限公司印刷 全国各地新华书店经售

2006 年 8 月第 1 版 2011 年 8 月第 8 次印刷

开本:787×1092 1/16 印张:10 字数:260 千字

印数:44001—49000 定价:29.50 元